LES BASIQUES SAUCES

LES BASIQUES SAUCES

KEDA BLACK
PHOTOGRAPHIES DE FRÉDÉRIC LUCANO

MARABOUT

AVANT-PROPOS

Les sauces : galvaudées, mal-aimées, oubliées, industrialisées, ratées… Avec ce nouvel ouvrage de la collection « Mon cours de cuisine », reprenez les choses en main : armez-vous d'un fouet et d'un bon couteau et maîtrisez une fois pour toutes cet accessoire indispensable d'une cuisine sans complication mais pleine de goût. La preuve par l'image, pas à pas : sous vos yeux, la béarnaise va devenir inratable, la mayonnaise rattrapable. Et vous saurez comment raviver en dix minutes et trois coups de couteau le plus gris des restes de rôti. Ou servir des légumes vapeur, une grillade et une simple glace sans tomber dans la monotonie.

Viandes, poissons, pâtes, crudités, légumes, desserts, froid ou rôti, cru ou bouilli… Pour chaque produit et chaque type de cuisson, vous trouverez dans cet ouvrage une ou plusieurs sauces parfaitement adaptées. À commencer par un florilège de grands classiques (marchand de vin, aïoli, bleu…), suivi d'une série de tentations italiennes (pestos et sauces tomate). Ensuite, une collection de salsas, chutneys et autres idées fraîches qui vous surprendront par leur légèreté et leur puissance gustative, puis des vinaigrettes à vous faire oublier tout ennui. Enfin quelques espuma propres à épater la galerie et en bonus, quelques centilitres de gourmandise pure sous forme de sauces à dessert (citron, caramel, chantilly, à l'anglaise, etc.).

Le livre est ponctué d'idées recettes qui mettront en valeur ces petites sauces dont, vous verrez, vous serez très fiers. Il n'est qu'une base : suivez nos indications de mariages (côtelette d'agneau et coulis de courgettes rôties, gambas et sauce vanille…) mais n'hésitez pas à imaginer vos propres variantes et combinaisons.

À vous de jouer !

SOMMAIRE

LES CLASSIQUES

1

LES INDISPENSABLES

LES MAYONNAISES

IDÉES RECETTES

Certaines sauces sont accompagnées d'une idée recette signalée par une *.

BÉCHAMEL

POUR 600 ML DE BÉCHAMEL • PRÉPARATION : 15 MINUTES • CUISSON : 30 MINUTES

600 ml de lait
½ oignon
2 clous de girofle
1 feuille de laurier

50 g de beurre
40 g de farine
Sel et poivre du moulin
Une pincée de muscade fraîchement râpée

01

1 2
3 4

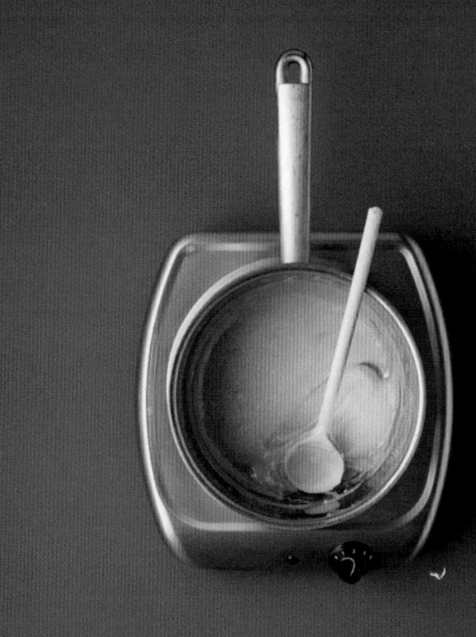

1	Mettre sur feu doux le lait, le ½ oignon piqué des clous de girofle et la feuille de laurier. Laisser frémir 15 minutes pour parfumer le lait puis jeter les aromates.	2	Faire fondre le beurre doucement dans une casserole, sur feu moyen.	
3	Hors du feu, ajouter d'un coup la farine et mélanger avec une spatule en bois.	4	Remettre sur le feu un peu plus doux et cuire 2-3 minutes.	➢

01

5 6
7 8

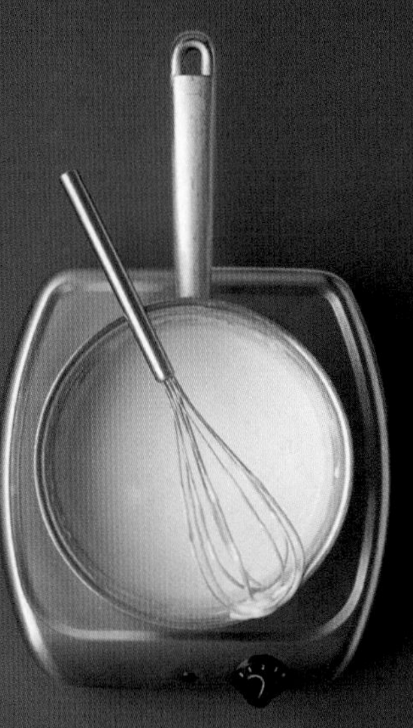

5	Hors du feu, ajouter le lait petit à petit, en fouettant.	6	Remettre sur feu très doux et porter à frémissement sans cesser de fouetter.
7	Remuer plus doucement et poursuivre la cuisson 7 à 10 minutes le temps d'obtenir une consistance épaisse.	8	Assaisonner avec du sel, du poivre et la muscade râpée.

9 La sauce est prête. Utiliser cette béchamel pour préparer une lasagne (idée recette 01*).

CONSERVATION

Placer un film alimentaire sur la surface de la sauce, en attendant de l'utiliser pour éviter la formation d'une peau.

OPTION

On peut réduire de moitié les quantités de beurre et de farine ou, au contraire, les augmenter de moitié pour obtenir une sauce plus légère ou plus épaisse (comme base de soufflé ou pour épaissir la sauce d'un plat mijoté).

BÉARNAISE

POUR 2-3 PERSONNES • PRÉPARATION : 15 MINUTES • CUISSON : 20 MINUTES

1 échalote
50 ml de vinaigre d'estragon
ou de vin blanc
4 grains de poivre écrasés

3 branches d'estragon
2 jaunes d'œufs
150 g de beurre

AU PRÉALABLE :
Éplucher et hacher finement l'échalote.

1 2

3 4

1	Clarifier le beurre : le faire fondre à feu très doux et le laisser crépiter 10 à 15 minutes.	2	Le passer à travers une passoire garnie de gaze pour éliminer l'écume blanche.	
3	Mettre l'échalote hachée dans une petite casserole avec le vinaigre, le poivre et l'estragon.	4	Porter à ébullition. Laisser réduire environ aux deux tiers.	➢

02

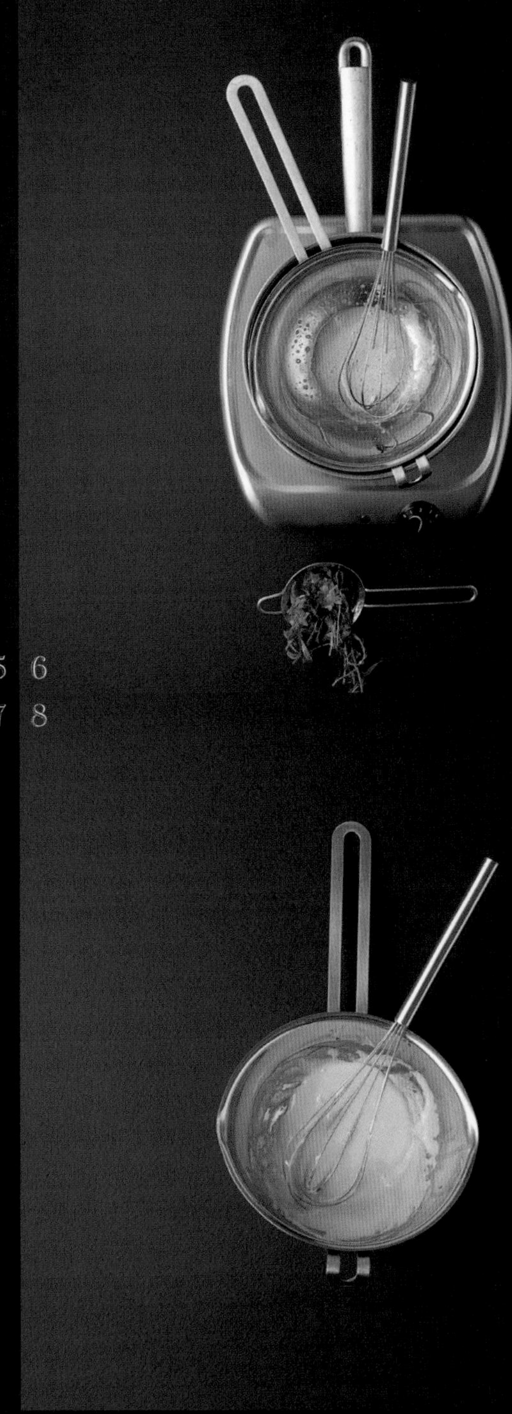

5 6

7 8

5	Mettre les jaunes d'œufs dans un bain-marie, sur feu doux.	6	Ajouter le vinaigre réduit en le filtrant à travers une passoire en fouettant. Jeter les aromates.
7	Ajouter le beurre petit à petit. Une fois la moitié du beurre incorporée, couper le feu.	8	Finir d'ajouter le beurre hors du feu : la sauce doit être onctueuse et épaisse.

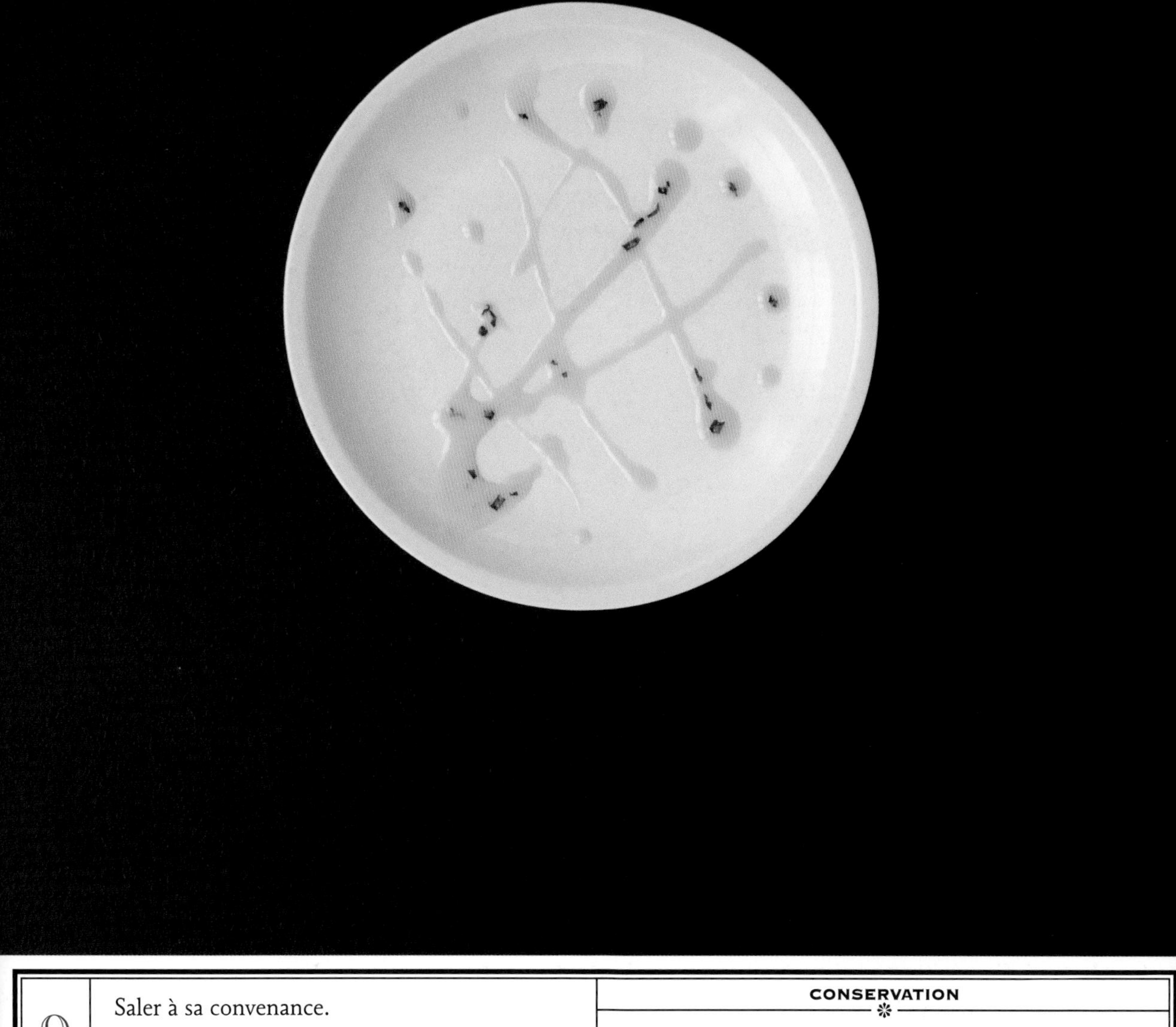

9	Saler à sa convenance.

ACCOMPAGNEMENT

Servir la béarnaise avec une bonne entrecôte-frites (idée recette 02*).

CONSERVATION

Cette sauce se consomme tout de suite. On peut la faire patienter 30 minutes en plaçant le bol contenant la sauce dans une casserole d'eau chaude.

OPTION

On peut incorporer à la sauce finale quelques brins d'estragon finement hachés.

LASAGNE + BÉCHAMEL

POUR 2 PERSONNES • ½ DOSE DE BÉCHAMEL (**RECETTE 01**)

✧ 1. Cuire 2 pavés de saumon. Les assaisonner avec sel, poivre et un peu de jus de citron.
✧ 2. Cuire à couvert et sur feu doux 500 g d'épinards avec 15 g de beurre, sel, poivre et piment 10 minutes.
✧ 3. Dans un plat beurré, alterner couches de lasagne, de poisson émietté, d'épinards. Finir par une couche de lasagne. Couvrir de béchamel.
✧ 4. Enfourner 20 minutes à 180 °C.

ENTRECÔTE-FRITES + BÉARNAISE

POUR 2 PERSONNES • 1 DOSE DE BÉARNAISE (**RECETTE 02**)

⇠ 1. Préparer la béarnaise. La réserver dans un bol d'eau chaude.
⇠ 2. Saisir 2 entrecôtes huilées et poivrées dans une poêle, ou un gril, bien chaude.
⇠ 3. Préparer des frites.
⇠ 4. Saler les entrecôtes puis servir avec la sauce et les frites.

HOLLANDAISE CLASSIQUE

POUR 4 PERSONNES • PRÉPARATION : 5 MINUTES • CUISSON : 15 MINUTES

3 jaunes d'œufs
125 g de beurre de préférence clarifié, fondu et tiède
3 cuillerées à café de jus de citron
Sel et poivre

CLARIFIER LE BEURRE :
Faire fondre 125 g de beurre et le laisser crépiter à feu doux pendant 10 à 15 minutes à feu doux puis le filtrer à travers une passoire garnie de gaze.

ACCOMPAGNEMENTS :
Servir avec des légumes cuits (asperges, artichauts, pommes de terre nouvelles, etc.).

1 2

3 4

1	Mettre les jaunes d'œufs dans un blender avec le jus de citron.	2	Mixer jusqu'à ce que l'ensemble soit mousseux.
3	Verser le beurre tout en mixant, goutte par goutte, puis en mince filet.	4	Saler et poivrer, c'est prêt. La sauce se sert tout de suite (elle peut attendre 30 minutes dans un bol d'eau chaude).

04

HOLLANDAISE À L'ORANGE

VARIANTE DE LA HOLLANDAISE CLASSIQUE

⇜ 1. Procéder comme indiqué dans la recette 03 mais en remplaçant le jus de citron par du jus d'orange, en même quantité.

⇜ 2. On peut parsemer la sauce d'un peu de zeste d'orange râpé à la fin.

ACCOMPAGNEMENT : des légumes cuits à l'eau, comme des artichauts poivrade (idée recette 04*).

AUX BLANCS BATTUS

VARIANTE DE LA HOLLANDAISE CLASSIQUE

⇠ 1. Préparer une sauce hollandaise (recette 03).
⇠ 2. Fouetter 3 blancs d'œufs en neige.
⇠ 3. Les incorporer délicatement à la hollandaise finie, en soulevant le mélange avec une écumoire.

C'est prêt ! Les blancs en neige donnent une sauce plus légère et qui peut patienter au frais toute la nuit.
ACCOMPAGNEMENTS : des asperges ou des petites pommes de terre.

06

BEURRE BLANC

⇝ **POUR 4 PERSONNES** • PRÉPARATION : 15 MINUTES • CUISSON : 10 MINUTES ⇜

100 ml de vin blanc sec (un petit verre), type muscadet
3 cuillerées à soupe de vinaigre de vin blanc

1 échalote
125 g de beurre froid
Sel et poivre

AU PRÉALABLE :
Hacher finement l'échalote et couper le beurre en tout petits morceaux.

1 2

3 4

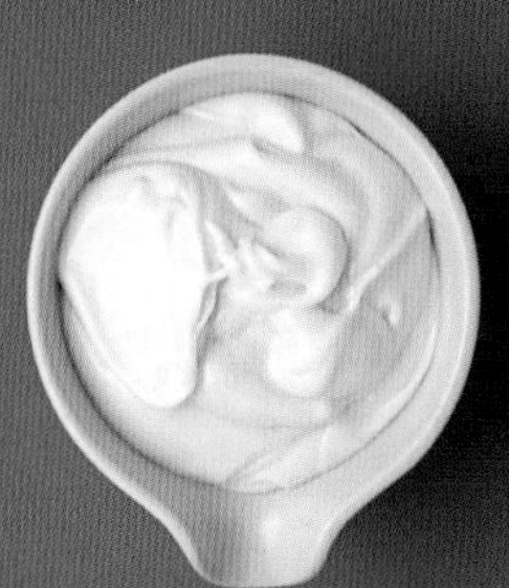

1	Réunir dans une petite casserole, sur feu doux, le vin, le vinaigre et l'échalote. Saler et poivrer.	2	Laisser réduire aux trois quarts. Filtrer, remettre la réduction dans la casserole et jeter l'échalote.
3	Petit à petit, hors du feu, ajouter le beurre. On peut remettre la casserole sur le feu si nécessaire pour incorporer le beurre, mais ce dernier ne devrait jamais fondre, seulement ramollir.	4	Vérifier l'assaisonnement puis servir de suite. Pour l'accompagnement, voir l'idée recette 06*.

04*

POIVRADE + HOLLANDAISE

POUR 4 PERSONNES • 1 DOSE DE HOLLANDAISE À L'ORANGE (RECETTE 04)

⇠ 1. Préparer 1 botte d'artichauts poivrade : ôter la tige et les feuilles un peu dures.

⇠ 2. Les faire cuire à l'eau salée 5 à 7 minutes.

⇠ 3. Servir avec la sauce et des zestes d'orange râpés.

SOLE + BEURRE BLANC

POUR 4 PERSONNES • 1 DOSE DE BEURRE BLANC (RECETTE 06)

÷ 1. Éplucher et cuire des petites pommes de terre.
÷ 2. Cuire 8 filets de sole : grillés, poêlés ou à la vapeur.
÷ 3. Servir la sole avec la sauce beurre blanc et les petites pommes de terre.

07

SAUCE AU BLEU

POUR 2 PERSONNES • PRÉPARATION : 5 MINUTES • CUISSON : 5 MINUTES

100 g de fromage bleu
150 ml de crème fraîche épaisse
50 ml de yaourt type Fjord (facultatif)
Poivre du moulin

REMARQUE :
On peut mélanger plusieurs type de bleus : roquefort, gorgonzola, bleu de Bresse…

ACCOMPAGNEMENT :
Une viande grillée et des pommes de terre (idée recette 07*).

1 2

3 4

1	Mettre le fromage et la crème fraîche épaisse dans une petite casserole.	2	Faire fondre doucement. Porter à ébullition sans cesser de remuer.
3	Ôter du feu dès que la sauce nappe la cuillère et ajouter le yaourt si on le souhaite pour un résultat un peu plus léger et une pointe d'acidité.	4	Saler si nécessaire (attention, le fromage est déjà salé) et poivrer.

08

POIVRE VERT

POUR 2-3 PERSONNES • PRÉPARATION : 10 MINUTES • CUISSON : 15 MINUTES

2-3 cuillerées de grains de poivre vert en conserve
100 ml de vinaigre de vin blanc
1 échalote
200 ml de crème fraîche épaisse
2 cuillerées à café de moutarde de Dijon

AU PRÉALABLE :
Émincer l'échalote.

08

1 2 3

4 5 6

1	Porter doucement le vinaigre à ébullition avec un petit verre d'eau.	2	Ajouter l'échalote. Laisser réduire jusqu'à obtenir 2 c. à soupe de liquide.	3	Filtrer, jeter l'échalote. Mettre le poivre dans la réduction de vinaigre.
4	Remettre sur le feu et ajouter la crème fraîche et la moutarde. Porter tout doucement à ébullition.	5	Laisser réduire à tout petit feu pendant 2-3 minutes.	6	C'est prêt. Vérifier l'assaisonnement et servir avec de la viande (idée recette 08*).

PAVÉ DE BŒUF + SAUCE BLEU

POUR 2 PERSONNES • 1 DOSE DE SAUCE AU BLEU (RECETTE 07)

✣

⋄ 1. Cuire 2 pavés de bœuf huilé dans une poêle ou sur un gril.
⋄ 2. Préparer des pommes de terre rissolées.
⋄ 3. Servir les pavés de bœuf avec la sauce au bleu et un peu de cerfeuil haché, si l'on aime. Accompagner de pommes de terre rissolées.

STEAKS HACHÉS + POIVRE VERT

POUR 2 PERSONNES • 1 DOSE DE SAUCE POIVRE VERT (RECETTE 08)

⟡ 1. Cuire 2 steaks hachés à l'huile d'olive.
⟡ 2. Servir avec la sauce, une bonne purée maison et des haricots verts.

UNE BONNE PURÉE MAISON :
Faire cuire à l'eau 4 pommes de terre à purée lavées mais non épluchées. Ôter la peau et les écraser avec 20 g de beurre et 1 verre de lait tiède. Assaisonner.

09

SAUCE BERCY

POUR 600 ML DE SAUCE • PRÉPARATION : 15 MINUTES • CUISSON : 45 MINUTES

600 ml de bouillon de poulet ou de légumes (maison ou bio)
60 g de beurre
40 g de farine

1 échalote
250 ml de vin blanc sec (2 bons verres)
Sel et poivre

AU PRÉALABLE :
Réchauffer le bouillon ou le reconstituer avec de l'eau bouillante si l'on part d'un cube ou d'une poudre.

1 2

3 4

1	Faire fondre les deux tiers du beurre (40 g) dans une casserole. Ajouter la farine et remuer.	2	Cuire ce roux sur feu doux en remuant sans cesse pendant 5-6 minutes : il doit se colorer très légèrement.	
3	Laisser refroidir quelques instants puis ajouter petit à petit le bouillon réchauffé, en fouettant.	4	Mettre sur feu doux et porter à frémissement en fouettant. Cuire à petit feu 20 minutes jusqu'à ce que la sauce nappe la cuillère. Saler et poivrer.	➢

09

5 6

7 8

5	Hacher très finement l'échalote.	6	Faire revenir l'échalote hachée dans le beurre restant, sans laisser colorer.
7	Ajouter le vin blanc et laisser réduire de moitié.	8	Ajouter cette préparation à la sauce initiale.

9	Bien mélanger afin d'obtenir une sauce homogène.	**ACCOMPAGNEMENT** Cette sauce se sert avec des volailles ou des légumes : voir l'idée recette 09*.

REMARQUE	**VARIANTE**
Cette sauce de la famille des veloutés est la cousine de la béchamel. Le bouillon remplace le lait.	On peut remplacer le bouillon de volaille ou de légume par un fumet de poisson pour accompagner des poissons.

10

MARCHAND DE VIN

POUR 4 PERSONNES • PRÉPARATION : 25 MINUTES • CUISSON : 55 MINUTES

50 g de beurre
1 petit oignon rouge
100 g de champignons de Paris
1 cuillerée à soupe de sucre

125 ml (1 verre) de vin rouge
600 ml de bouillon de bœuf ou de légumes (maison ou bio)
Les feuilles de 1 ou 2 brins de thym

20 g de farine
Sel et poivre

1 2

3 4

1	Hacher l'oignon et les champignons au couteau.	2	Faire dorer l'oignon dans 10 g de beurre, 3-4 minutes sur feu assez fort.	
3	Saupoudrer avec le sucre, mélanger jusqu'à ce que le sucre commence à caraméliser.	4	Retirer du feu et ajouter ½ verre de vin, en fouettant. Remettre sur le feu et faire bouillir 2-3 minutes.	➢

5 6

7 8

5	Ajouter ½ litre de bouillon et le thym, faire bouillir pendant 4 minutes.	6	Filtrer la préparation.
7	Faire fondre 20 g de beurre, ajouter la farine, cuire sur feu doux en remuant pendant 5 à 8 minutes : le mélange doit brunir.	8	Ajouter le mélange à l'oignon, en fouettant. Porter à ébullition.

10

Cuire 5 minutes en remuant jusqu'à obtention d'une sauce épaisse.

OPTION

☛ On peut se passer de champignons, si l'on préfère, en s'arrêtant à cette étape. Dans ce cas, utiliser dès le début tout le bouillon et tout le vin.

➢

10 11

12 13

10	Cuire les champignons dans le reste de beurre.	11	Ajouter le bouillon et le verre de vin restants puis laisser frémir 10 minutes.
12	Ajouter les champignons à la sauce.	13	Laisser réduire encore environ 10 minutes sur feu doux.

14	Saler et poivrer.	**INFO PRODUIT**	On peut utiliser un corbières pour le vin.

ACCOMPAGNEMENT

Cette sauce convient aussi bien pour la viande que pour les œufs : voir l'idée recette 10*.

VARIANTE

On peut ajouter, en même temps que le vin, un peu de citron ou de vinaigre de Xérès pour une sauce plus acide.

TOURTE + SAUCE BERCY

POUR 4 PERSONNES • 1 DOSE DE SAUCE BERCY (RECETTE 09)

⇠ 1. Couper 2 carottes en rondelles. Nettoyer ½ tête de brocoli et défaire les fleurettes.

⇠ 2. Cuire les légumes à la vapeur. Cuire le poisson au court-bouillon ou à la vapeur.

⇠ 3. Mélanger les légumes, le poisson et la sauce.

⇠ 4. Diviser 1 pâte brisée en deux. Foncer un moule à bord haut avec 1 pâte. Remplir de garniture, couvrir avec la 2nde pâte. Enfourner 30 minutes à 180 °C.

STEAKS + MARCHAND DE VIN

POUR 2 PERSONNES • ½ DOSE DE SAUCE MARCHAND DE VIN (RECETTE 10)

⇐ 1. Cuire 2 steaks huilés et poivrés à la poêle.
⇐ 2. Servir avec la sauce, des pommes de terre sautées et une tombée d'épinards.

POMMES DE TERRE SAUTÉES :
Nettoyer des petites pommes de terre, les couper, les dorer à feu moyen dans une poêle avec une bonne quantité d'huile, en les tournant de temps en temps.

SAUCE AU JUS DE VIANDE

POUR 2-3 PERSONNES • PRÉPARATION : 5 MINUTES • CUISSON : 10 MINUTES

Le jus d'une viande cuite à la poêle (côtelettes ou autre)
Un verre de vin (rouge ou blanc, selon la viande)
2 brins de persil plat

AU PRÉALABLE :
Laver, égoutter, effeuiller le persil, le hacher.

IDÉES :
On peut ajouter en milieu de cuisson 2 cuillerées à soupe de crème fraîche, ou bien une noix de beurre à la fin pour une sauce plus riche. Pour une sauce plus épaisse, ajouter 1 cuillerée de farine avant de mettre le vin et laisser cuire 2-3 minutes.

1 2

3 4

1	Ôter le maximum de gras du jus de viande. Si le jus est refroidi, le réchauffer.	2	Sur feu moyen à fort, ajouter le vin, racler les bouts de viande accrochés à la poêle, puis porter à ébullition.
3	Laisser réduire quelques minutes. Passer éventuellement la sauce dans une passoire	4	Ajouter les herbes. Cette sauce se prépare juste après avoir cuit la viande, ou alors avec un jus de la veille conservé au frais. La servir avec de la viande, une bonne saucisse (idée recette 11*)…

GRIBICHE

POUR 4-6 PERSONNES • PRÉPARATION : 20 MINUTES • CUISSON : 9 MINUTES

3 œufs
1 cuillerée à soupe de moutarde
400 ml d'huile
1 cuillerée à café de vinaigre de vin rouge
25 g de cornichons
25 g de câpres
6 brins de persil plat
6 brins de ciboulette
6 brins de cerfeuil
1 brin d'estragon
Sel et poivre du moulin

1	Faire cuire les œufs 9 minutes à partir de l'ébullition : ils doivent être durs.	2	Les écaler.	
3	Mettre les jaunes d'œufs dans un grand bol et les écraser à la fourchette à travers une passoire.	4	Ajouter la moutarde, le vinaigre, du sel et du poivre.	➢

5	Laver, sécher, effeuiller et hacher finement les herbes. Hacher finement les blancs d'œufs, les cornichons et les câpres.	6	Ajouter l'huile petit à petit, comme pour monter une mayonnaise.
7	Ajouter ensuite les herbes finement hachées, les cornichons et les câpres.	8	Finir avec les blancs d'œufs.

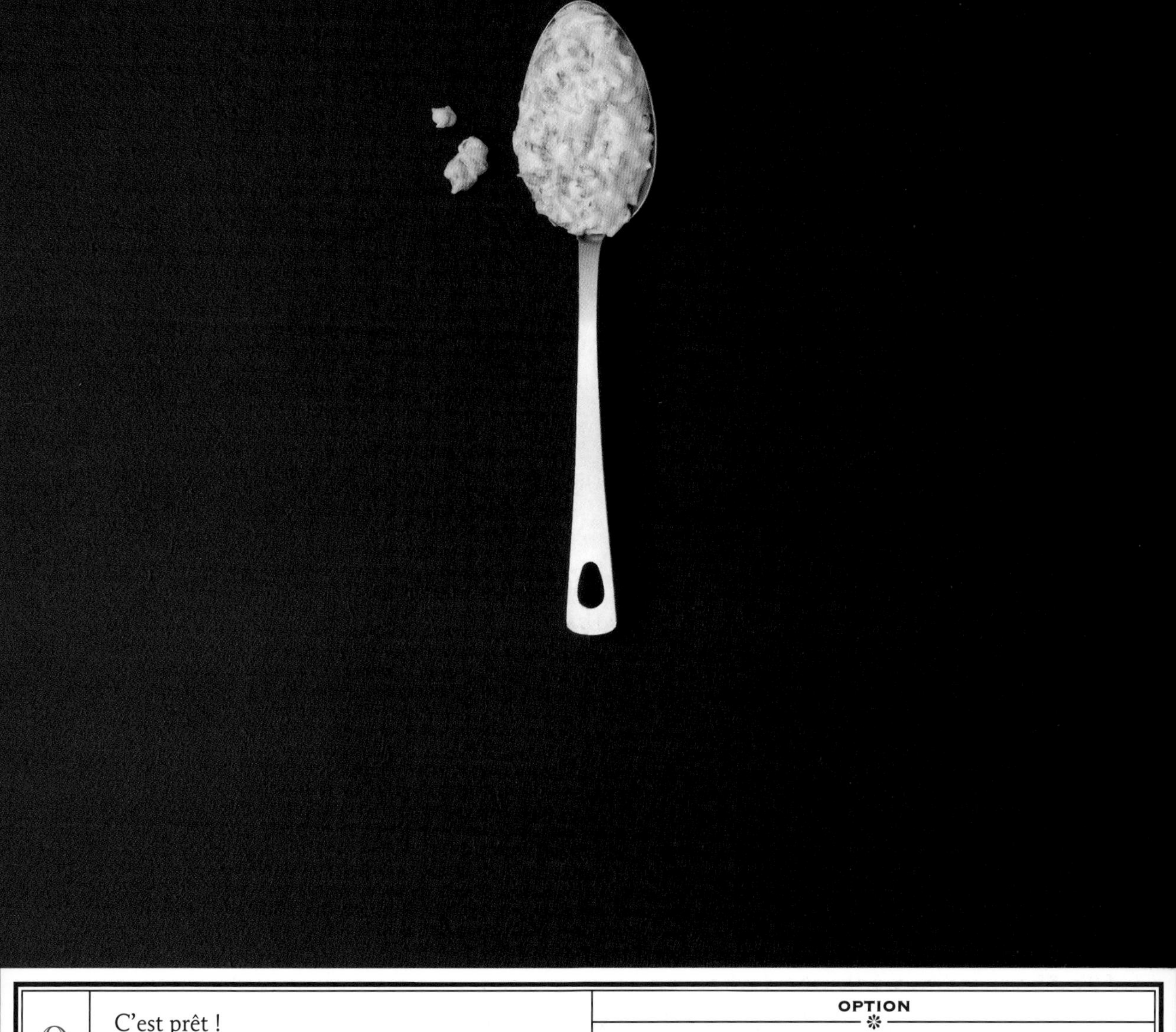

9	C'est prêt !	**OPTION**
		On peut ne pas mettre les blancs d'œufs.

CONSEIL	**ACCOMPAGNEMENT**
Pour écraser les œufs (étape 3), on peut le faire sans passoire mais celle-ci permet d'obtenir une consistance plus lisse.	C'est la sauce classique pour la tête de veau, mais elle convient pour accompagner des crudités, légumes vapeur et viande froide : voir l'idée recette 12*.

11*

SAUCISSE + GRAVY

POUR 1 PERSONNE • 1 DOSE DE SAUCE AU JUS DE VIANDE (RECETTE 11)

✤

⟡ 1. Poêler 1 bon morceau de saucisse de Toulouse.
⟡ 2. Préparer la sauce au jus de viande comme indiqué dans la recette en ajoutant 1 cuillerée à soupe de farine, 1 verre d'eau et 2 cuillerées à café de moutarde.
⟡ 3. Servir avec de la purée de pommes de terre maison (voir l'idée recette 08*).

POT-AU-FEU + GRIBICHE

POUR 4-6 PERSONNES • 1 DOSE DE SAUCE GRIBICHE (RECETTE 12)

⇠ 1. On sert cette sauce en accompagnement d'un pot-au-feu, le jour même ou avec les restes, froids.

MAYONNAISE CLASSIQUE

POUR 4-6 PERSONNES • PRÉPARATION : 15 MINUTES

1 jaune d'œuf
1 cuillerée à café de sel
1 cuillerée à café de moutarde de Dijon

300 ml d'huile végétale
1 ou 2 cuillerées à café de jus de citron
Poivre du moulin

RATTRAPER UNE MAYO RÂTÉE :
Recommencer avec un nouveau jaune auquel on ajoute progressivement la sauce ratée et le reste d'huile en fouettant.

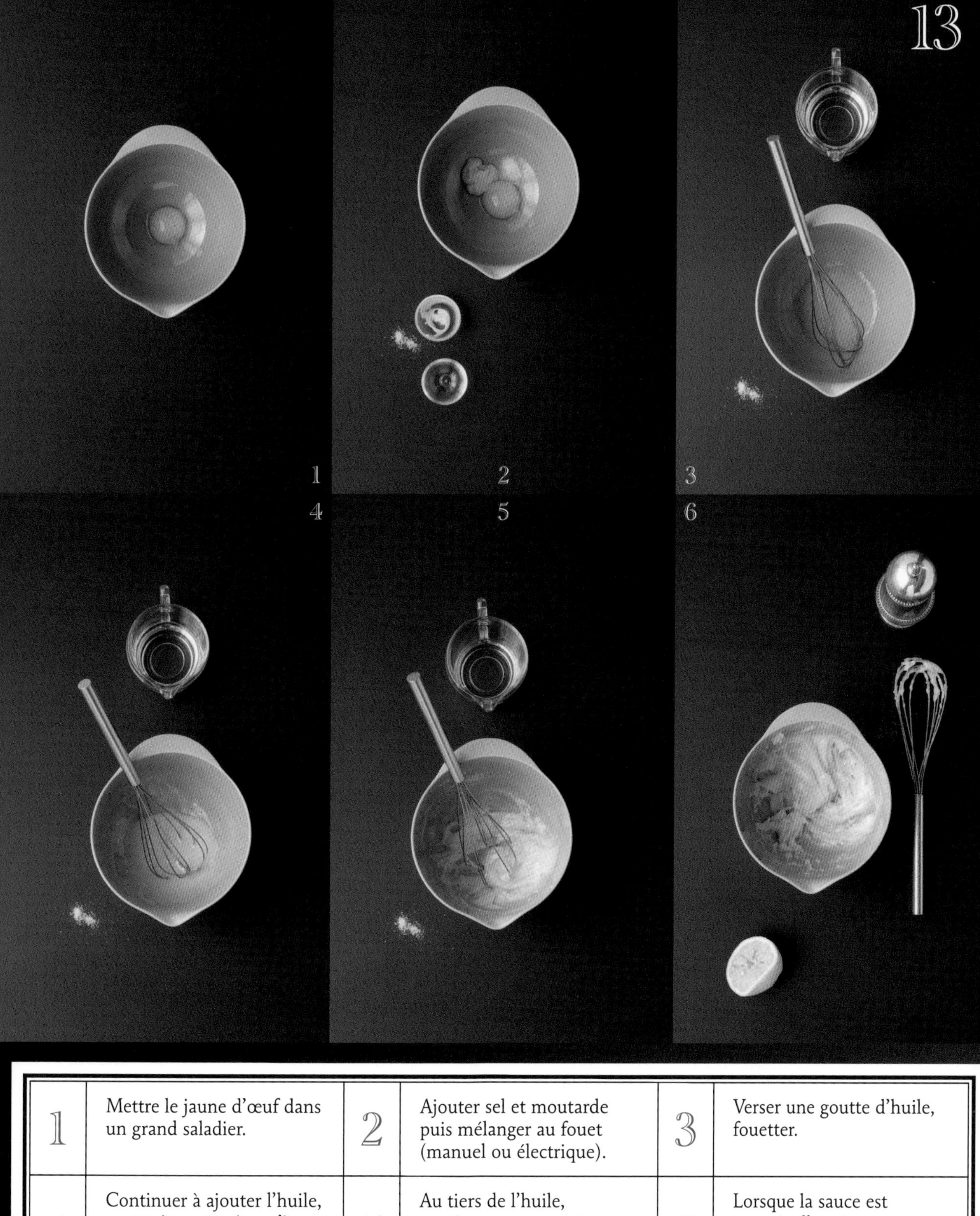

1	Mettre le jaune d'œuf dans un grand saladier.	2	Ajouter sel et moutarde puis mélanger au fouet (manuel ou électrique).	3	Verser une goutte d'huile, fouetter.
4	Continuer à ajouter l'huile, goutte à goutte, jusqu'à ce que le mélange épaississe.	5	Au tiers de l'huile, continuer en versant en mince filet, sans cesser de fouetter.	6	Lorsque la sauce est montée, l'assaisonner avec un peu de jus de citron et du poivre.

14

AÏOLI

VARIANTE DE LA MAYONNAISE CLASSIQUE

❖ 1. Écraser 2, 3 ou 4 (selon les goûts) gousses d'ail avec le sel au début d'une mayonnaise classique (recette 13).

❖ 2. Poursuivre avec les ingrédients habituels, en utilisant au moins un tiers d'huile d'olive.

ACCOMPAGNEMENTS : de la morue (idée recette 72*) ou un rôti de bœuf froid.

VERTE « GREEN GODDESS »

VARIANTE DE LA MAYONNAISE CLASSIQUE

⟡ 1. Préparer une mayonnaise classique (recette 13).
⟡ 2. Ajouter 3 brins de basilic, 3 brins de persil plat, 3 brins de cerfeuil, 3 brins de ciboulette hachés finement, 2-3 filets d'anchois à l'huile écrasés, 2 cuillerées à café de vinaigre et 3 cuillerées à soupe de crème fraîche épaisse.
⟡ 3. Goûter et rectifier l'assaisonnement.

ACCOMPAGNEMENT : un reste de poulet rôti.

MARIE-ROSE

VARIANTE DE LA MAYONNAISE CLASSIQUE

⟡ 1. Ajouter 3 cuillerées à soupe de ketchup, 1 cuillerée à soupe de Worcestershire sauce et 1 trait de cognac ou de whisky à une mayonnaise classique (recette 13).

⟡ 2. Ajouter progressivement le jus de 1 citron.

⟡ 3. Goûter et rectifier l'assaisonnement si nécessaire.

ACCOMPAGNEMENT : une fondue bourguignonne ou des crevettes (idée recette 16*).

TARTARE

VARIANTE DE LA MAYONNAISE CLASSIQUE

⟡ 1. Ajouter à une mayonnaise classique (recette 13) 4 brins de persil plat, 6-7 câpres, 3-4 cornichons et 1 échalote finement hachés.

⟡ 2. Ajouter 2 cuillerées à soupe de ketchup et 1 cuillerée à café de Tabasco.

ACCOMPAGNEMENTS : une viande froide (idées recettes 44*, 48*) ou des crudités.

13*

COLESLAW

POUR 6 PERSONNES • 1 DOSE DE MAYONNAISE CLASSIQUE (RECETTE 13)

⇠ 1. Laver et éplucher 2 carottes, ¼ de chou rouge, ¼ de chou blanc, 1 bulbe de fenouil. Presser 1 citron.
⇠ 2. Émincer finement tous les légumes, hacher 6 brins de persil plat.
⇠ 3. Les mélanger avec ½ c. à café de curry en poudre, la mayonnaise et 2-3 c. à soupe de jus de citron.
⇠ 4. Saler si nécessaire puis ajouter 2 c. à soupe de graines de courge torréfiées.

CREVETTES + MARIE-ROSE

POUR 2 PERSONNES • 1 DOSE DE MAYONNAISE MARIE-ROSE (RECETTE 16)

Servir deux douzaines de petites crevettes cuites ou des plus grandes en plus petite quantité, mélangées avec la sauce ou servies à part pour dipper.

IDÉE : pour une entrée plus consistante, agrémenter de tranches d'avocat citronnées.

18

ROUILLE

POUR 4-6 PERSONNES • PRÉPARATION : 25 MINUTES

1 bonne pincée de filaments de safran
100 g de chapelure (de préférence maison)
3 gousses d'ail

3 petits piments séchés ou ½ cuillerée à café de piment de Cayenne en poudre
Une pincée de fleur de sel

1 jaune d'œuf
180 ml d'huile d'olive
Sel

1 2

3 4

1	Mettre le safran dans 2 cuillerées à soupe d'eau (si on fait la rouille pour accompagner une soupe, on peut prendre 2 cuillerées à soupe de la soupe chaude).	2	Mélanger le safran dissous avec la chapelure. Ajouter un peu d'eau si le mélange semble trop sec : on recherche la consistance d'une pommade.	
3	Écraser ensemble le piment, le sel et l'ail dans un mortier avec un pilon ou dans un bol avec une cuillère en bois.	4	Ajouter le jaune d'œuf et mélanger.	➢

5 6

7 8

5	Transférer la préparation dans un grand saladier. Ajouter petit à petit le mélange safran-chapelure.	6	Bien mélanger.
7	Ajouter petit à petit l'huile comme pour une mayonnaise, en commençant goutte à goutte.	8	Poursuivre avec le restant d'huile en mince filet, en fouettant sans cesse.

9	Assaisonner si nécessaire. C'est prêt.	**ACCOMPAGNEMENT** C'est bien sûr la sauce d'accompagnement de la soupe de poisson avec des croûtons. Mais elle est bonne également avec de la morue dessalée et pochée (idée recette 72*), des fruits de mer, etc.

SAUCES POUR LES PÂTES

2

LES PESTOS

LES SAUCES TOMATE

IDÉES RECETTES

Certaines sauces sont accompagnées d'une idée recette signalée par une *.

PESTO CLASSIQUE

POUR 4 PERSONNES • PRÉPARATION : 15 MINUTES • CUISSON : 3 MINUTES

100 g de basilic (environ 4 bottes)
2 cuillerées à soupe de pignons de pin
75 ml d'huile d'olive ou un peu plus
25 g de parmesan
2 gousses d'ail et sel

AU PRÉALABLE :
Laver, égoutter et effeuiller le basilic.
Râper le parmesan.

CONSEIL :
Si possible, mettre la lame du robot au congélateur plusieurs heures auparavant.

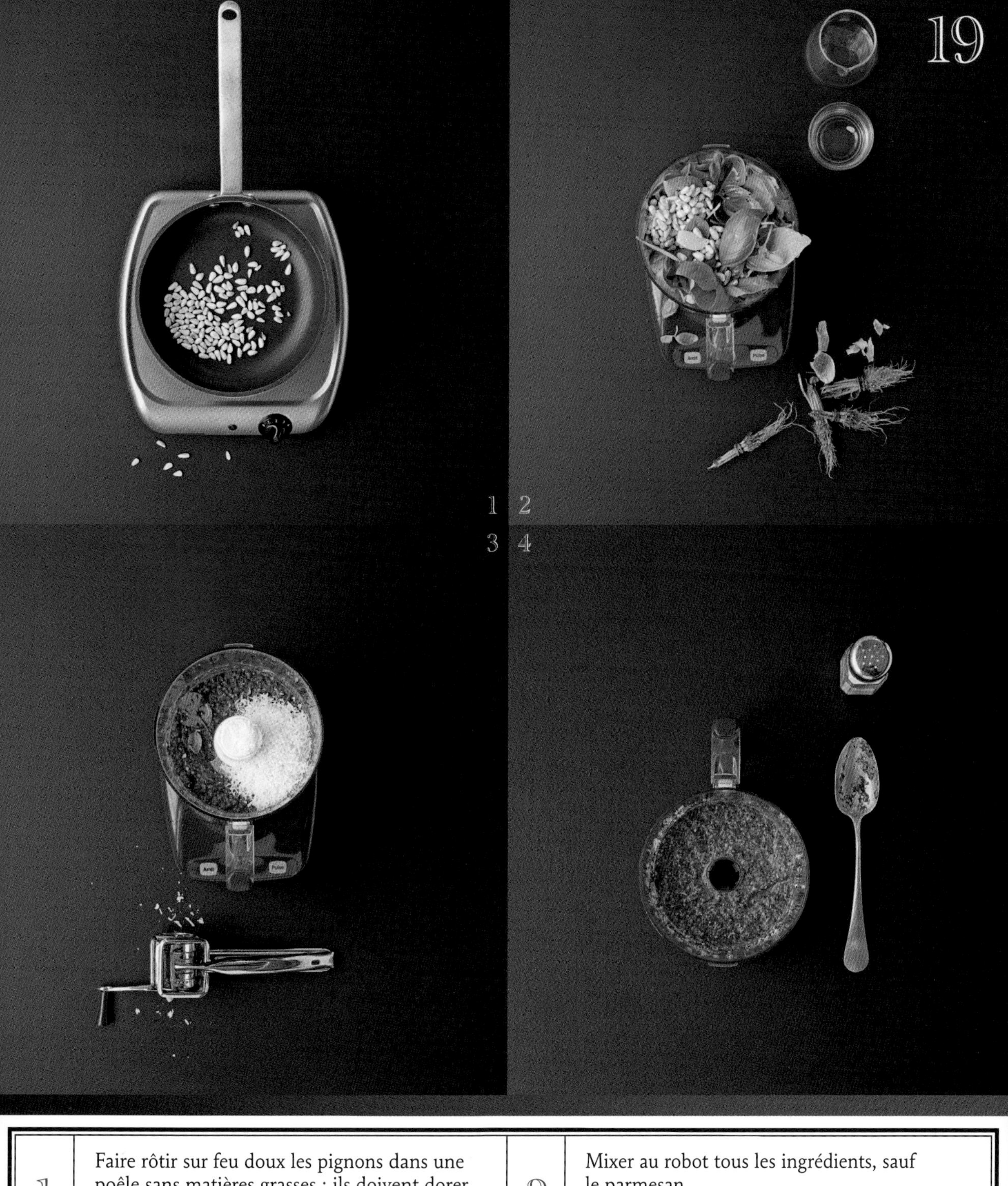

1	Faire rôtir sur feu doux les pignons dans une poêle sans matières grasses : ils doivent dorer légèrement.	2	Mixer au robot tous les ingrédients, sauf le parmesan.
3	Ajouter le fromage à la main (avec une cuillère ou une fourchette).	4	Goûter, saler si nécessaire, allonger avec de l'huile éventuellement. C'est prêt ! Le servir comme dip à l'apéro (idée recette 19*).

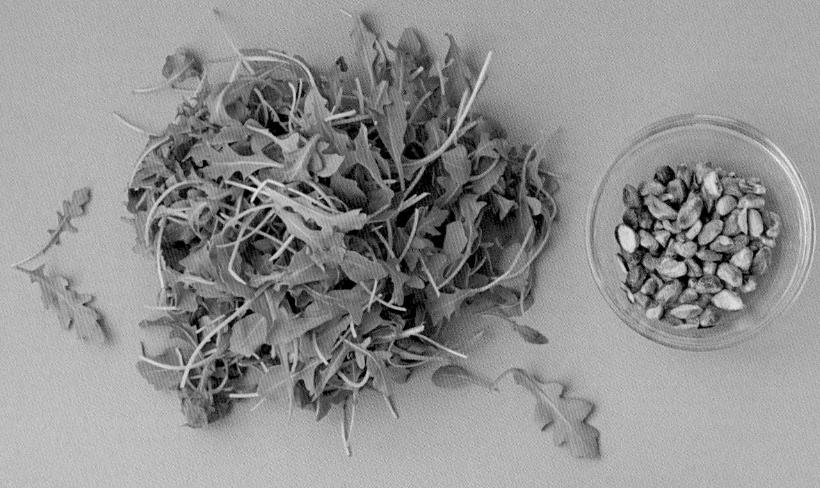

PESTO PISTACHE

VARIANTE DU PESTO CLASSIQUE

❖ 1. Écraser au mortier tous les ingrédients de la recette de base (recette 19), sauf l'huile, en remplaçant les pignons par des pistaches et le basilic par de la roquette.

❖ 2. Ajouter l'huile progressivement en mélangeant avec le pilon. On peut réaliser cette recette au robot, comme expliqué dans la recette de base.
ACCOMPAGNEMENT : des spaghetti (idée recette 20*).

PESTO CRESSON

VARIANTE DU PESTO CLASSIQUE

❖ 1. Procéder comme indiqué dans la recette 19 en remplaçant le basilic par du cresson et les pignons par des amandes.

❖ 2. Ajouter le parmesan à l'aide d'une fourchette.

❖ 3. Goûter, ajouter de l'huile si besoin.

ACCOMPAGNEMENT : des spaghetti (idée recette 21*).

PESTO MENTHE

VARIANTE DU PESTO CLASSIQUE

⇠ 1. Torréfier 1 cuillerée à soupe d'amandes dans une poêle à sec : mélanger régulièrement, les amandes ne doivent pas brûler.
⇠ 2. Écraser au mortier tous les ingrédients de la recette de base (recette 19), sauf l'huile, en remplaçant la moitié du basilic par de la menthe et la moitié des pignons par les amandes torréfiées.

ACCOMPAGNEMENT : des spaghetti (idée recette 22*).

PESTO ROUGE

VARIANTE DU PESTO CLASSIQUE

⇷ 1. Éplucher 1 ou 2 gousses d'ail. Effeuiller 1 grosse botte de basilic. Réhydrater 30 g de tomates séchées dans de l'eau chaude. Râper 25 g de parmesan.
⇷ 2. Mixer ensemble les tomates réhydratées, l'ail, le basilic et 60 ml d'huile. Ajouter un peu de liquide de trempage des tomates si nécessaire.
⇷ 3. Ajouter le parmesan, rectifier l'assaisonnement.

ACCOMPAGNEMENT : des spaghetti (idée recette 23*).

19*

DIP À LA MOZZA

POUR 4 PERSONNES • 1 DOSE DE PESTO CLASSIQUE (RECETTE 19)

⟡ 1. Mixer 1 dose de pesto avec 1 boule de mozzarella.
⟡ 2. Ajouter suffisamment d'eau de la mozzarella pour obtenir une consistance crémeuse.
⟡ 3. À tartiner tel quel ou pour y tremper des gressins.

20* à 23*

SPAGHETTI + PESTO

POUR 4 PERSONNES • 1 DOSE DE PESTO DE SON CHOIX (RECETTES 20, 21, 22, 23)

∻ 1. Faire cuire dans une grande quantité d'eau 350 g à 400 g de spaghetti.
∻ 2. Quand ils sont al dente, les égoutter en gardant un peu d'eau de cuisson.
∻ 3. Mélanger pâtes et pesto, allongé si nécessaire à l'eau de cuisson.
∻ 4. Servir avec des copeaux de parmesan.

24

SAUCE TOMATE

POUR 4-6 PERSONNES • PRÉPARATION : 20 MINUTES • CUISSON : 50 MINUTES

3 cuillerées à soupe d'huile d'olive
2-3 gousses d'ail
2 grosses boîtes de tomates pelées

3 brins de basilic
Un peu de sucre
Sel et poivre

AU PRÉALABLE :
Laver, égoutter et effeuiller le basilic.
Hacher les tomates.

1	Éplucher l'ail et l'émincer le plus finement possible.	2	Faire chauffer l'huile dans une sauteuse ou une poêle. Mettre l'ail et laisser cuire sur feu doux pendant quelques minutes : l'ail doit cuire mais pas se colorer.	
3	Ajouter les tomates. Laisser mijoter à découvert 30 à 45 minutes, le temps que la sauce réduise et épaississe.	4	Ajouter le basilic, goûter, saler, poivrer, sucrer légèrement si nécessaire puis goûter de nouveau.	➢

5

Passer la sauce au moulin à légumes.

REMARQUE

On peut garder la sauce telle quelle plutôt que de la mouliner.

PRATIQUE

On peut aussi passer la sauce au blender, mais brièvement. On ne cherche pas à obtenir une purée lisse.

6	C’est prêt !

ACCOMPAGNEMENT

Utiliser cette sauce avec des pâtes, pour une lasagne classique ou une parmigiana (idée recette 24*).

VARIANTE AUX TOMATES FRAÎCHES

Veiller alors à ce que les tomates aient du goût ! On peut choisir de les éplucher (après les avoir trempées dans de l’eau bouillante) ou pas.

OPTION

On peut ajouter 10-15 g de beurre à la fin pour rendre la sauce très onctueuse.

25

ARRABIATA

VARIANTE DE LA SAUCE TOMATE

- 1. Émincer finement 1 petit piment frais, ôter les graines.
- 2. Procéder comme indiqué dans la recette 24 en ajoutant le piment frais à l'ail dans la poêle.

À défaut de piment frais, ajouter une bonne pincée de petits piments séchés en même temps que les tomates.

ACCOMPAGNEMENT : des pâtes brunes (idée recette 25*).

26

PUTTANESCA

VARIANTE DE LA SAUCE TOMATE

⟡ 1. Procéder comme dans la recette 24 en ajoutant, en même temps que l'ail, 1 petit piment rouge, épépiné et émincé.

⟡ 2. Ajouter, en même temps que les tomates, 1 grosse c. à soupe de câpres, 150 g d'olives, 3-4 anchois à l'huile hachés. Ne pas trop saler à cause des anchois.

ACCOMPAGNEMENTS : des pâtes longues (spaghetti) ou des pâtes courtes et creuses (penne).

BOLOGNAISE EXPRESS

VARIANTE DE LA SAUCE TOMATE

⋄ 1. Dorer 1 oignon haché 6-7 minutes.

⋄ 2. Puis procéder comme dans la recette 24 en ajoutant l'ail aux oignons. Ajouter ensuite 250 à 300 g de viande hachée et laisser cuire la viande.

⋄ 3. Ajouter les tomates et 1 verre de vin rouge puis poursuivre comme dans la recette de base.

ACCOMPAGNEMENTS : des spaghetti, en lasagne avec de la béchamel.

SAUCE À LA VODKA

VARIANTE DE LA SAUCE TOMATE

⟡ 1. Commencer la préparation de la sauce comme expliqué dans la recette 24.

⟡ 2. Verser en même temps que les tomates 1 verre de vodka (60 ml) et une pincée de piment de Cayenne.

⟡ 3. En fin de cuisson, ajouter 2-3 cuillerées à soupe de crème fraîche, sur feu très doux.

ACCOMPAGNEMENT : des tagliatelle fraîches.

24*

PARMIGIANA + SAUCE TOMATE

POUR 4 PERSONNES • 1 DOSE DE SAUCE TOMATE (RECETTE 24)

(RECETTE 24)

⇠ 1. Trancher 3 aubergines, les poêler dans un peu d'huile d'olive. Les assaisonner de sel, poivre et thym.
⇠ 2. Couper 2 boules de mozzarella de bufflonne en tranches.
⇠ 3. Dans un plat à gratin, alterner couches de sauce tomate, d'aubergines et de mozzarella. Terminer avec de la sauce tomate et râper 50 g de parmesan dessus.
⇠ 4. Enfourner 30 minutes à 180 °C.

PÂTES BRUNES + ARRABIATA

POUR 4 PERSONNES • 1 DOSE DE SAUCE ARRABIATA

⊹ 1. Faire cuire 350 g de spaghetti complets ou semi-complets.
⊹ 2. Les égoutter, les mélanger avec la sauce arrabiata chaude et une poignée de roquette.
⊹ 3. Servir avec des copeaux de parmesan.

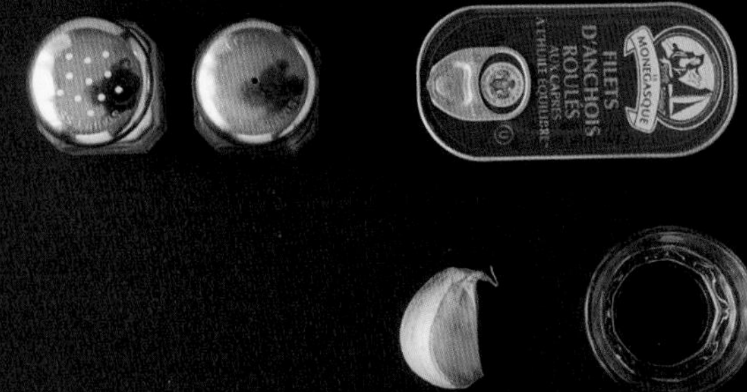

SAUCE AUX TOMATES RÔTIES

POUR 4 PERSONNES • PRÉPARATION : 20 MINUTES • CUISSON : 50 MINUTES

8 tomates allongées
2-3 cuillerées à soupe d'huile d'olive
1 gousse d'ail
1 anchois à l'huile
Sel, poivre

AU PRÉALABLE :
Éplucher l'ail. Couper l'anchois en petits morceaux.
Préchauffer le four à 220 °C.

ACCOMPAGNEMENT :
Utiliser cette sauce comme base pour une soupe à la tomate (idée recette 29*).

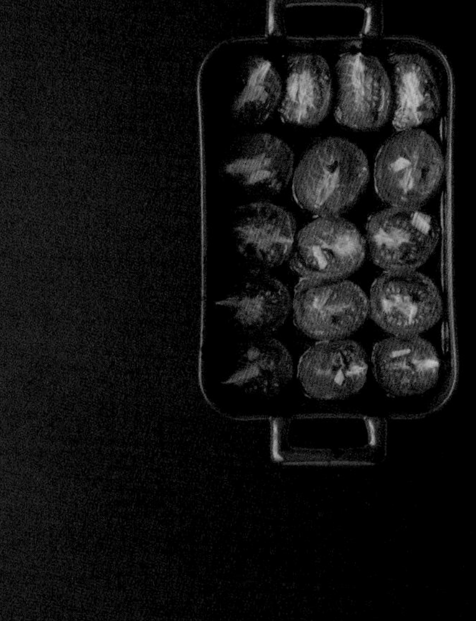

1	Faire bouillir de l’eau. La verser sur les tomates, dans un grand saladier (résistant à la chaleur) ou une grande casserole. Peler ensuite les tomates et les couper en deux.	2	Les disposer dans un plat à four peu profond et les arroser d’huile d’olive. Répartir les morceaux d’anchois sur les tomates. Répartir l’ail pressé ou émincé sur les tomates. Saler et poivrer.
3	Faire rôtir au four pendant environ 50 minutes.	4	Mixer ou écraser à la fourchette, en gardant bien tout le jus.

SAUCE AUX TOMATES CRUES

⇝ POUR 4 PERSONNES • PRÉPARATION : 20 MINUTES ⇜

⇠ 1. Plonger 1 livre de tomates fraîches dans de l'eau bouillante. Les éplucher, les épépiner et les hacher.

⇠ 2. Les mélanger avec les feuilles de 6 à 8 brins de basilic.

⇠ 3. Ajouter de l'huile, poivre, sel, et de l'ail écrasé (option).

ACCOMPAGNEMENT : des pâtes, en condiment avec de la viande grillée ou un poisson au four.

SAUCE AUX TROIS TOMATES

↠ **POUR 4 PERSONNES • PRÉPARATION : 20 MINUTES • CUISSON : 40 MINUTES** ↞

⇠ 1. Mettre 250 g de tomates cerises sur une plaque, les arroser de 2 c. à soupe d'huile d'olive et les faire rôtir 40 minutes à 220 °C.

⇠ 2. Les mélanger, avec leur jus, à 250 g de tomates cerises fraîches et à 50 à 75 g de tomates séchées réhydratées, ou à l'huile, coupées.

⇠ 3. Ajouter 6 brins de persil plat hachés, 2 c. à soupe d'huile, sel, poivre.

ACCOMPAGNEMENT : recette 31*.

29*

SOUPE + TOMATES RÔTIES

POUR 4 PERSONNES • 1 DOSE DE SAUCE AUX TOMATES RÔTIES (RECETTE 29), MIXÉE

✧ 1. Réchauffer 500 à 750 ml de bouillon de légumes ou de poulet puis le mélanger avec la sauce chaude, en version mixée. En mettre suffisamment pour obtenir la consistance désirée.

✧ 2. Assaisonner avec sel, poivre et Tabasco.

✧ 3. Mettre 1 cuillerée de crème fraîche dans chaque bol. La soupe peut aussi se servir très froide ! Avec ou sans croûtons, à l'ail ou à la rouille.

PASTA + SAUCE 3 TOMATES

POUR 4 PERSONNES • 1 DOSE DE SAUCE 3 TOMATES (RECETTE 31)

⩤ 1. Cuire 400 g de grosses coquillettes (ou des orecchiette, etc.). Les égoutter.
⩤ 2. Les mélanger avec la sauce.

SAUCE CITRON-CRÈME

POUR 2 PERSONNES • PRÉPARATION : 10 MINUTES • CUISSON : 10 MINUTES

1 citron
50 g de beurre salé
200 ml de crème liquide légère
Sel et poivre

ACCOMPAGNEMENT :
À essayer sur des ravioli du traiteur italien ou des tagliatelle faîches (idée recette 32*).

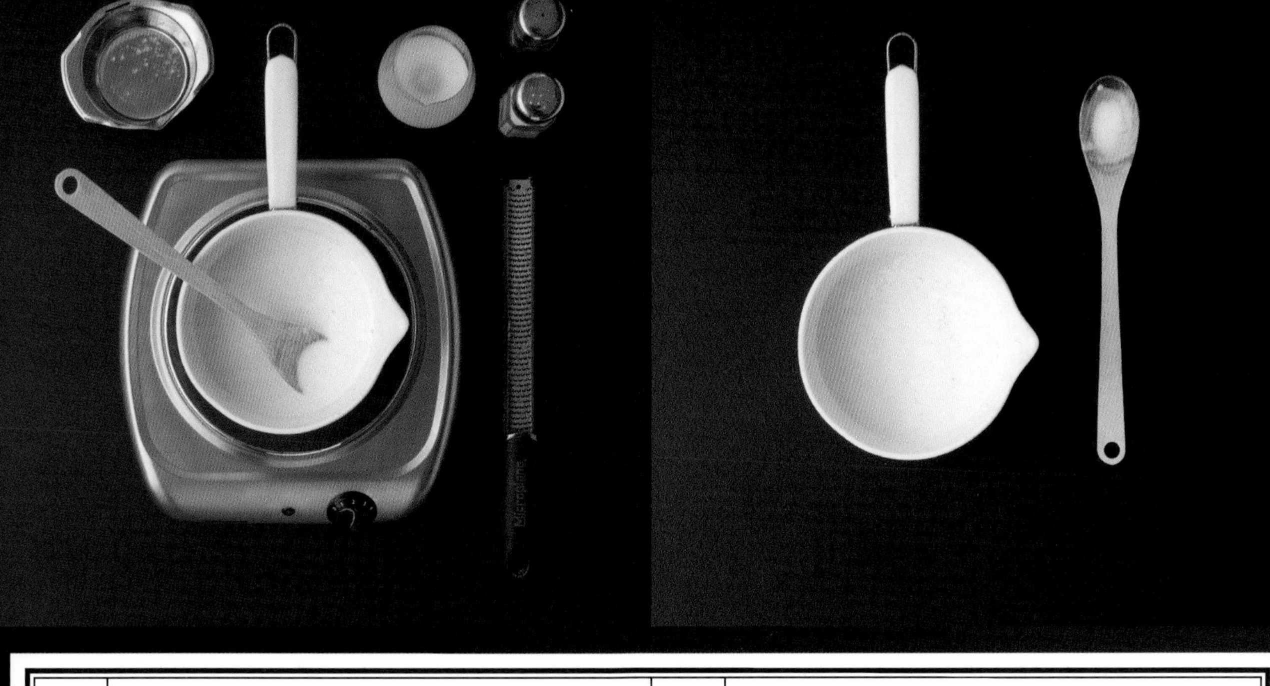

1	Râper le zeste du citron (avec le côté fin d'une râpe). Presser le jus.	2	Faire fondre le beurre à feu doux dans une petite casserole.
3	Ajouter la crème, du sel, du poivre, le zeste et le jus du citron. Porter tout doucement à ébullition et laisser cuire 2 minutes.	4	C'est prêt.

33

AGLIO OLIO

✦ **POUR 2-3 PERSONNES • PRÉPARATION : 5 MINUTES • CUISSON : 5 MINUTES** ✦

3-4 cuillerées à soupe d'huile d'olive
3 gousses d'ail
1 pincée de piment séché
Sel et poivre

ACCOMPAGNEMENT :
Ail et huile, c'est la sauce des spaghetti de minuit, la recette à faire pour une faim subite lorsqu'on n'a rien de frais sous la main. On peut ajouter des miettes de pain dur dorées à l'huile et du persil plat haché pour un résultat croustillant. Voir l'idée recette 33*.

1	Éplucher et hacher le plus finement possible les gousses d'ail.	2	Faire chauffer l'huile d'olive dans une casserole assez grande.
3	Ajouter l'ail et le piment.	4	Faire à peine blondir l'ail sur feu moyen. La sauce est prête à servir avec des pâtes. On l'allongera avec un peu de leur eau de cuisson.

PASTA + SAUCE CITRON-CRÈME

POUR 4 PERSONNES • 1 DOSE DE SAUCE CITRON-CRÈME (RECETTE 32)

✧ 1. Cuire 600 g de tagliatelle fraîches ou de ravioli (idéalement, de chez un traiteur italien) – épinards ricotta, potiron, noix… : compter 1 à 2 minutes, suivre les conseils du marchand ou du paquet.

✧ 2. Servir avec la sauce encore tiède et du parmesan fraîchement râpé.

SPAGHETTI + AGLIO OLIO

POUR 2 PERSONNES • 1 DOSE DE SAUCE AGLIO OLIO (RECETTE 33)

- 1. Cuire 200 g de spaghetti. Les égoutter.
- 2. Servir la sauce avec les spaghetti.

On peut filtrer la sauce (pour éliminer les morceaux d'ail, dont le goût reste dans l'huile). Ajouter un peu d'eau de cuisson des pâtes pour l'allonger.

LES INÉDITES

LES SAUCES CRUES

LES SAUCES CUITES

IDÉES RECETTES

Certaines sauces sont accompagnées d'une idée recette signalée par une *.

3

SALSA TOMATE-PIMENT

POUR 4 PERSONNES • PRÉPARATION : 15 MINUTES • REPOS : 30 MINUTES

4 tomates mûres et qui ont du goût, si possible
2 oignons de printemps (ou 1 oignon)
1 citron vert
½ botte de coriandre
1 trait de tequila
1 petit bout de piment rouge
Sel et poivre

AU PRÉALABLE :
Laver, égoutter et effeuiller la coriandre.
ACCOMPAGNEMENT :
Des brochettes de poulet (idée recette 34*).

1 2

3 4

1	Éplucher et hacher finement les oignons. Les mettre à tremper dans de l'eau froide.	2	Découper les tomates en tout petits cubes. Hacher la coriandre. Émincer un tout petit bout de piment (ôter les graines).
3	Réunir ces ingrédients, égoutter les oignons et les ajouter.	4	Assaisonner : un trait de jus de citron, un trait de tequila, sel et poivre. Laisser reposer au moins 30 minutes au frais pour que le goût se développe.

35

SALSA MANGUE-AMANDES

VARIANTE DE LA SALSA TOMATE-PIMENT

❖ 1. Rôtir 1 poignée d'amandes entières (avec la peau) 6-7 minutes à 190 °C. Les hacher au couteau.
❖ 2. Couper 1 mangue en dés. Émincer 1 petit bout de piment, 1 petit oignon et 6 brins de coriandre.

❖ 3. Réunir tous les ingrédients et assaisonner : trait de citron, 1 c. à café d'huile d'olive, sel et poivre.
ACCOMPAGNEMENT : du boudin noir (idée recette 35*).

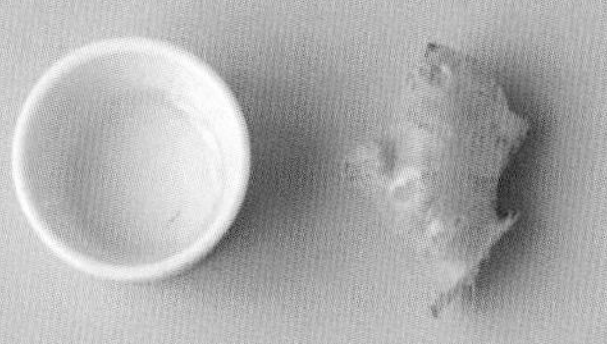

ROUGAIL TOMATE GINGEMBRE

VARIANTE DE LA SALSA TOMATE-PIMENT

- 1. Mélanger 3 tomates (pelées), coupées en cubes, 1 petit morceau de gingembre râpé, 1 c. à soupe d'huile de tournesol, 1 petit piment émincé, du sel.
- 2. Mixer au robot très brièvement : on recherche un effet plus écrasé que la salsa du début mais pas une purée lisse non plus ! L'idéal, est d'utiliser un pilon.

ACCOMPAGNEMENTS : des grillades, un poisson au four…

POULET + SALSA TOMATE-PIMENT

POUR 4 PERSONNES • 1 DOSE DE SALSA TOMATE-PIMENT (RECETTE 34)

1. Faire mariner 4 blancs de poulet coupés en morceaux dans un peu de jus de citron et d'huile d'olive assaisonnés, pendant au moins 1 heure, ou la veille pour le lendemain (mais pas plus !).

2. Les monter en brochettes et faire griller (au four ou au barbecue) 15 minutes en tournant 1 fois. Servir avec la salsa et du pain (baguette ou pitas réchauffés).

BOUDIN NOIR + SALSA MANGUE

POUR 4 PERSONNES • 1 DOSE DE SALSA (RECETTE 35)

1. Poêler 4 parts de boudin noir dans un peu de beurre.

2. Les servir avec la salsa et éventuellement quelques feuilles de salade romaine assaisonnées. Ajouter quelques petites pommes de terre si l'on aime.

CHIMICHURRI

POUR 4 PERSONNES • PRÉPARATION : 20 MINUTES • MARINADE : 3 HEURES

125 ml d'huile d'olive
60 ml de vinaigre de vin rouge
6 petits oignons tout fins (ou 2 oignons de printemps)

½ botte de persil plat
5 brins de coriandre
3-4 gousses d'ail
Sel et poivre

Un petit bout de piment frais (ou du piment de Cayenne)

1 2
3 4

1	Éplucher et hacher finement les oignons et l'ail, les laver. Égoutter, effeuiller et hacher les herbes. Émincer un tout petit morceaux de piment.	2	Fouetter (ou secouer ensemble dans un bocal) l'huile et le vinaigre.
3	Ajouter les autres ingrédients (en ajustant la quantité de piment à son goût).	4	Laisser mariner quelques heures avant de servir. Cette sauce accompagne très bien une bonne saucisse (idée recette 37*).

GUACAMOLE

POUR 4 PERSONNES • PRÉPARATION : 15 MINUTES

1 avocat mûr
½ tomate
1 citron (jaune ou vert)

1 petit bout de piment frais
(à défaut, Tabasco ou piment de Cayenne)
Sel et poivre

1 2

3 4

1	Éplucher l'avocat, retirer la chair, la mettre dans un bol et l'écraser à la fourchette en mettant 1 cuillerée à soupe de jus de citron.	2	Hacher finement la demi-tomate (l'idéal, c'est de l'avoir épluchée) et le piment.
3	Ajouter ces ingrédients à l'avocat, à la fourchette.	4	Saler et poivrer. Ajouter du citron si nécessaire. Le guacamole n'est pas qu'un dip : il accompagne viandes et poissons, mais aussi des œufs au plat ou brouillés (idée recette 38*).

37*

SAUCISSE + CHIMICHURRI

→ **POUR 4 PERSONNES** • 1 DOSE DE SAUCE CHIMICHURRI (RECETTE 37) ←

→ 1. Faire griller 4 parts de bonne saucisse de Toulouse.

→ 2. Servir les saucisses avec le chimichurri.

BRUNCH MEXICAIN

→ **POUR 2 PERSONNES** • 1 DOSE DE GUACAMOLE (RECETTE 38) ←

→ 1. Brouiller 4 à 6 œufs. Assaisonner avec du sel, du poivre et quelques gouttes de Tabasco.

← 2. Les servir avec le guacamole et du bon pain, lors d'un brunch.

FRESH CHUTNEY MENTHE

POUR 4 PERSONNES • PRÉPARATION : 15 MINUTES

1 botte de menthe
2 petits oignons de printemps
(ou un plus gros), avec un peu de vert
60 à 100 ml d'eau

1 citron vert ou jaune
1 cuillerée à café de sucre
Une bonne pincée de sel

IDÉE :
On peut ajouter un peu du zeste de citron, râpé avec le côté fin d'une râpe ou encore un dé de gingembre finement râpé.

1 2
3 4

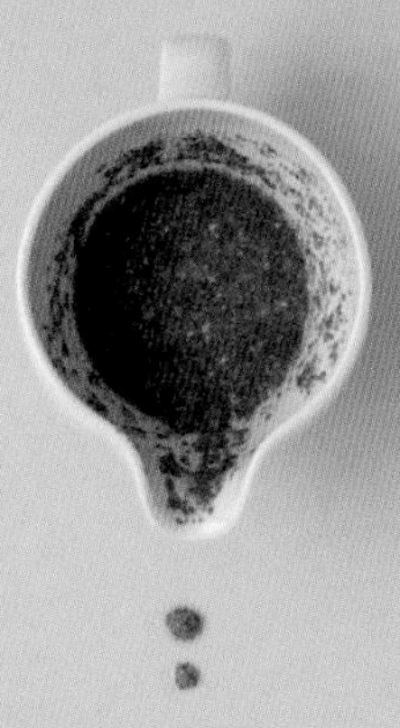

1	Effeuiller la menthe. Éplucher les oignons, les couper en gros morceaux. Presser le citron.	2	Mixer tous les ingrédients avec 1 cuillerée à soupe de jus de citron et 60 ml d'eau.
3	Racler les bords du robot, mixer de nouveau en ajoutant de l'eau si nécessaire : on recherche une texture fine et à peine coulante.	4	Goûter, rectifier si besoin la quantité de citron et de sel. Préparer ce chutney le jour même, il ne se conserve pas bien. Servir cette sauce avec une épaule d'agneau (idée recette 39*).

CHUTNEY COCO-CORIANDRE

VARIANTE DU FRESH CHUTNEY MENTHE

Mixer 1 botte de coriandre, 2 cuillerées à soupe de noix de coco râpée, 2 cuillerées à soupe de lait de coco, 1 cuillerée à soupe d'huile de tournesol, 1 petite gousse d'ail, 30 à 70 ml d'eau, 1 citron vert ou jaune, une pincée de graines de cumin, 1 cuillerée à café de sucre, une bonne pincée de sel comme expliqué dans la recette de base (recette 39).

ACCOMPAGNEMENT : des St-Jacques (idée recette 40*).

CHUTNEY CRÉMEUX

VARIANTE DU FRESH CHUTNEY MENTHE

⊹ 1. Mixer 1 gousse d'ail, ½ botte de coriandre et ½ botte de menthe lavées et 1 piment vert épépiné.
⊹ 2. Mixer avec 1 cuillerée à café de jus de citron et un petit peu de piment. Compléter selon ses goûts.
⊹ 3. Ajouter ½ yaourt nature crémeux (type Fjord, yaourt à la grecque, yaourt brassé) à la fin, à la main.

ACCOMPAGNEMENTS : viandes et poissons, plats mijotés, mais peut aussi servir de dip à l'apéro.

39*

AGNEAU + FRESH CHUTNEY

POUR 6 PERSONNES • 1,5 DOSE DE FRESH CHUTNEY MENTHE (RECETTE 39)

1. Faire rôtir 1 épaule d'agneau à 230 °C (compter 20 minutes + 15 minutes par 500 g) fourrée d'ail, parsemée de thym, de sel et de poivre et arrosée de 2 cuillerées à soupe d'huile d'olive.
2. Baisser la température du four à 200 °C au bout de 15 minutes.
3. Servir l'agneau avec le chutney.

ST-JACQUES + CHUTNEY COCO

POUR 2 PERSONNES • 1 DOSE DE CHUTNEY COCO-CORIANDRE (RECETTE 40)

1. Saisir une vingtaine de noix de Saint-Jacques dans un peu d'huile d'olive et 1 gousse d'ail épluchée, sur un feu moyen à fort.

2. Saler et poivrer. Servir avec le chutney.

VARIANTE : remplacer les noix de Saint-Jacques par des gambas.

RAÏTA CONCOMBRE

POUR 4 PERSONNES • PRÉPARATION : 15 MINUTES • REPOS : 30 MINUTES

½ concombre (ou 2-3 petits)
2 brins de menthe
2 yaourts nature
1 citron jaune ou vert

½ cuillerée à café de cumin
Sel et poivre

AU PRÉALABLE :
Hacher les brins de menthe.

1	Éplucher le concombre. Le couper en deux dans le sens de la longueur puis enlever les graines avec une petite cuillère.	2	Le râper grossièrement puis le mettre dans une passoire, le saupoudrer d'un peu de sel et le laisser égoutter 30 minutes.
3	Mélanger le concombre égoutté avec les yaourts nature, la menthe et un peu de jus de citron.	4	Saupoudrer de cumin. C'est prêt ! Servir ce raïta avec un curry d'agneau par exemple (idée recette 42*).

43

RELISH POIVRON AIL

POUR 4 PERSONNES • PRÉPARATION : 15 MINUTES • REPOS : 1 JOUR

1 poivron rouge
2 gousses d'ail
1 tomate

4-5 olives noires (facultatif)
Huile d'olive
Sel

ACCOMPAGNEMENT :
À utiliser avec viande ou poisson (idée recette 43*), étalé sur du pain, dans une salade de lentilles.

1 2

3 4

1	Laver le poivron. Ôter le pédoncule, les graines et les membranes blanches. Le hacher très finement en micro dés.	2	Hacher très finement l'ail (ou l'écraser au presse-ail) ainsi que les olives.
3	Couper également la tomate en tout petits dés, mais elle ne doit pas être écrasée.	4	Réunir les ingrédients dans un pot en verre, saler. Couvrir d'huile, fermer et garder quelques jours au frais.

42*

CURRY D'AGNEAU + RAÏTA

POUR 6 PERSONNES • 1 DOSE DE RAÏTA CONCOMBRE (RECETTE 42)

1. Faire revenir 2 oignons émincés. Ajouter 1 gousse d'ail écrasée, du piment rouge émincé et un dé de gingembre râpé. Ajouter 2 c. à café de garam masala, 2 boîtes de tomates pelées. Laisser réduire 30 minutes.
2. Sur feux doux, ajouter 1 yaourt nature.
3. Faire dorer, à l'huile, 1 kg d'agneau en morceaux.
4. Les mettre dans la sauce et laisser cuire à petit feu 30-45 minutes. Servir avec le raïta.

CALAMARS SAUTÉS + RELISH

POUR 4 PERSONNES • 1 DOSE DE RELISH POIVRON AIL (RECETTE 43)

1. Couper 400 g de calamars en lanières.
2. Dans une poêle huilée bien chaude, les saisir et les cuire 2-3 minutes.
3. Servir avec le petit relish poivron ail.

SAUCE AUX ANCHOIS

POUR 3-4 PERSONNES • PRÉPARATION : 10 MINUTES

1. Mixer 3 anchois, 8 brins de persil effeuillés, 1 c. à café de moutarde, 4 à 6 c. à soupe d'huile d'olive et un trait de jus de citron.

2. Racler les bords, goûter, ajouter du citron si nécessaire, éventuellement de l'huile pour allonger.

IDÉE : remplacer un quart du persil par de la menthe ou du basilic.
ACCOMPAGNEMENT : des côtes de veau (idée recette 44*).

SAUCE AUX ANCHOIS HACHÉS

VARIANTE DE LA SAUCE AUX ANCHOIS

⇠ 1. Laver, égoutter et effeuiller 8 brins de persil. Presser 1 ou 2 gousses d'ail.
⇠ 2. Hacher le persil, l'ail et 3 anchois à l'huile ensemble sur une planche.
⇠ 3. Ajouter un peu d'huile d'olive pour lier. On peut aussi travailler dans un mortier, avec un pilon. Mais surtout ne pas mixer.

SAUCE VERTE

POUR 4 PERSONNES • PRÉPARATION : 15 MINUTES

1. Prélever la moitié du zeste de 1 citron, le presser.
2. Mixer ½ botte de ciboulette, ½ botte de persil plat et ½ botte de cerfeuil, 5 c. à soupe d'huile d'olive, 2 c. à café de câpres et 1 c. à soupe de jus de citron.
3. Vérifier l'assaisonnement et allonger à l'huile d'olive si besoin.

ACCOMPAGNEMENTS : c'est une sauce qui va avec tout : légumes cuits, grillades, poissons, crudités.

SAUCE VERTE À L'ORANGE

VARIANTE DE LA SAUCE VERTE

Préparer une sauce comme indiqué dans la recette 46 en remplaçant le citron par de l'orange, dont on utilise un quart du zeste et la moitié du jus.

ACCOMPAGNEMENTS : des filets de saumon (idée recette 54*), des côtelettes d'agneau (idée recette 53*), des artichauts (idée recette 04*).

SAUCE RAIFORT À LA POMME

POUR 6 PERSONNES • PRÉPARATION : 15 MINUTES • REPOS : 30 MINUTES

4 cuillerées à soupe de raifort râpé en pot
1 pomme granny-smith
1 citron
1 pincée de sucre
3 cuillerées à soupe de yaourt type Fjord ou de crème fraîche ou éventuellement de crème liquide battue
2 brins de persil plat
Sel

AU PRÉALABLE :
Presser le jus du citron.

1 2
3 4

1	Éplucher et râper la pomme verte. Laver, égoutter, effeuiller puis hacher le persil.	2	Mélanger la pomme avec le raifort, 1 cuillerée à soupe de jus de citron, le sucre et un peu de sel. Laisser reposer 30 minutes au frais, recouvert d'un film alimentaire.
3	Ajouter le yaourt ou la crème, rectifier si nécessaire l'assaisonnement en sel et citron.	4	Parsemer de persil haché. Servir avec un reste de rosbif froid (idée recette 48*).

CÔTE DE VEAU + SAUCE ANCHOIS

POUR 2 PERSONNES • 1 DOSE SAUCE AUX ANCHOIS (RECETTE 44)

1. Poêler 2 côtelettes de veau dans 2 cuillerées à soupe d'huile d'olive chaude.
2. Saler et poivrer puis les servir avec la sauce.

OPTION : on peut faire mariner les côtelettes dans un mélange de jus de citron, huile, sel, poivre, ail et thym avant de les poêler.

RÔTI + SAUCE RAIFORT

POUR 6 PERSONNES • 1 DOSE DE SAUCE RAIFORT À LA POMME (RECETTE 48)

Servir la sauce raifort à la pomme avec des tranches de rosbif froid.

CUISSON DU ROSBIF :

Placer la viande dans un plat, l'entourer d'oignons ou d'échalotes émincés, verser un peu d'eau au fond du plat, assaisonner, cuire le temps précisé par le boucher.

SAUCE GRAVLAX

POUR 150 ML DE SAUCE • PRÉPARATION : 15 MINUTES

2 cuillerées à soupe de moutarde
3 brins d'aneth
1 cuillerée à soupe de sucre

125 ml d'huile de tournesol
Une pincée de cardamome moulue (facultatif)

1 citron
Sel, poivre

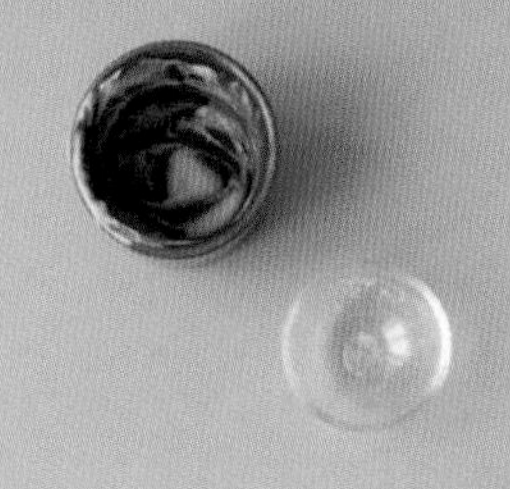

1	Laver, égoutter et hacher l'aneth. Presser le citron.	2	Mélanger l'aneth avec les autres ingrédients, sauf l'huile. Utiliser 1 cuillerée à soupe de jus de citron.
3	Ajouter l'huile progressivement, en fouettant.	4	Goûter et ajouter un peu de citron si nécessaire. Cette sauce se mange avec du saumon ou du thon gravlax (idée recette 49*).

SAUCE VANILLE

POUR 4 PERSONNES • PRÉPARATION : 25 MINUTES • CUISSON : 40 MINUTES • REPOS : 15 MINUTES

Une vingtaine de gambas crues, non décortiquées
15 g de beurre
1 petite carotte
1 échalote
1 feuille de laurier et 3-4 brins de thym
1 petit verre de vin blanc
150 ml de crème liquide
1 gousse de vanille
Sel et poivre

AU PRÉALABLE :
Éplucher et émincer l'échalote et la carotte.

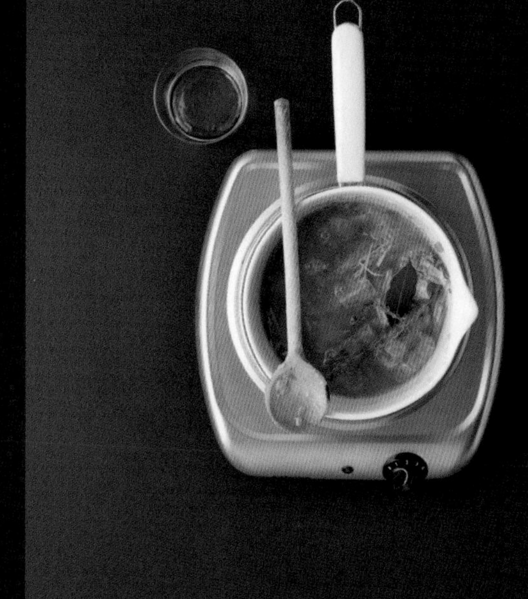

1	Décortiquer les gambas en conservant les têtes et les carapaces. Mettre les gambas au frais.	2	Dans une casserole, faire fondre le beurre. Faire revenir, sans coloration, l'échalote et la carotte émincées pendant 5-6 minutes.	
3	Ajouter les carapaces et les têtes de gambas, remuer pendant 1 ou 2 minutes.	4	Ajouter le vin blanc puis 300 ml d'eau. Ajouter le thym et le laurier, porter à ébullition puis laisser frémir pendant une trentaine de minutes.	➢

5	Faire chauffer tout doucement la crème liquide avec la gousse de vanille fendue en deux. Lorsqu'elle arrive presque à ébullition, couper le feu, mettre un couvercle et laisser infuser 15 minutes.	6	Ensuite, racler les graines de la gousse de vanille dans la crème.
7	Filtrer le fumet à travers une passoire, jeter carapaces et aromates.	8	Réunir le fumet et la crème. Saler si nécessaire.

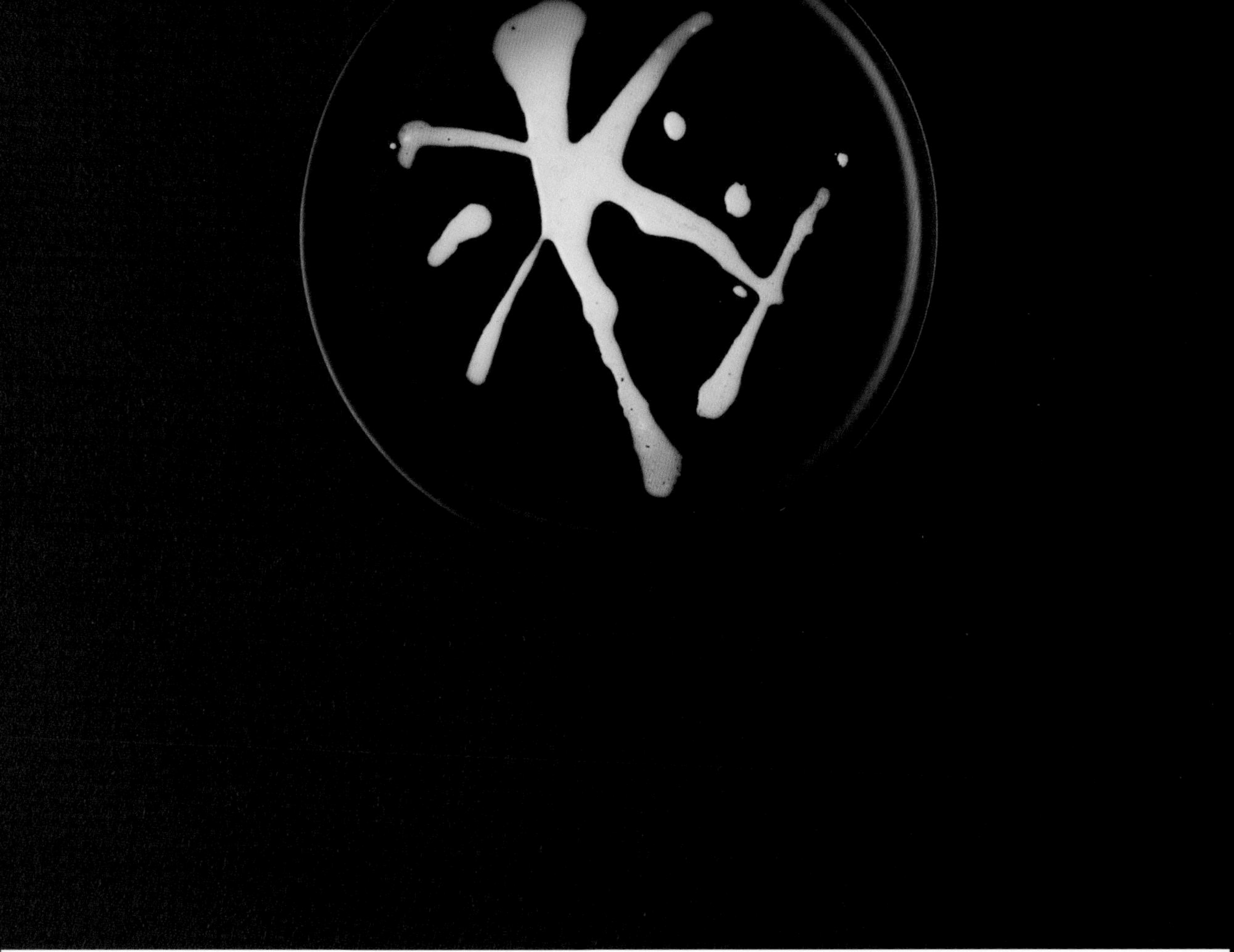

9 C’est prêt.

OPTION EXPRESS

Si l’on n’a pas le temps d’éplucher les gambas, on peut bien sûr utiliser du fumet de poisson tout prêt. Compter 150 à 200 ml.

ACCOMPAGNEMENT

Cette sauce est très bonne avec des gambas (idée recette 50*) mais convient aussi sur des Saint-Jacques, des poissons blancs délicats (sole) ou même, faite avec un bouillon de légumes ou de volaille à la place du fumet de poisson ou de crustacés, sur du veau.

49*

POISSON + SAUCE GRAVLAX

POUR 4 PERSONNES • 1 DOSE SAUCE GRAVLAX (RECETTE 49)

1. Couper 4 filets de poisson au choix (saumon, dorade, etc.) en très fines lamelles.
2. Les mettre dans un plat et l'arroser d'un peu de jus de citron, saler légèrement.
3. Remuer doucement, laisser mariner une trentaine de minutes au frais.
4. Servir avec la sauce en décorant d'aneth, des crackers suédois ou du bon pain grillé !

GAMBAS + SAUCE VANILLE

POUR 4 PERSONNES • 1 DOSE DE SAUCE VANILLE (RECETTE 50)

1. Faire sauter les gambas réservées lors de la préparation de la sauce dans de l'huile d'olive, jusqu'à ce qu'elles rosissent et dorent très légèrement : compter quelques minutes.

2. Les servir avec la sauce, en entrée. Pour un plat plus consistant, accompagner de riz.

KETCHUP MAISON

POUR ENVIRON 2 POTS DE 250 G • PRÉPARATION : 20 MINUTES • CUISSON : 1 HEURE 15

1 kg de tomates bien mûres
1 poivron rouge ou jaune
1 oignon et 4 gousses d'ail
8 cuillerées à soupe de vinaigre de vin rouge
90 g de sucre

Une pincée de zeste de citron
Un trait de jus de citron
1 cuillerée à café bombée de sel
1 cuillerée à café de graines de moutarde
½ cuillerée à soupe de grains de poivre

¼ de cuillerée à soupe de graines de coriandre
½ cuillerée à café de clous de girofle
1 petit bâton de cannelle
1 morceau (1 cm) de gingembre

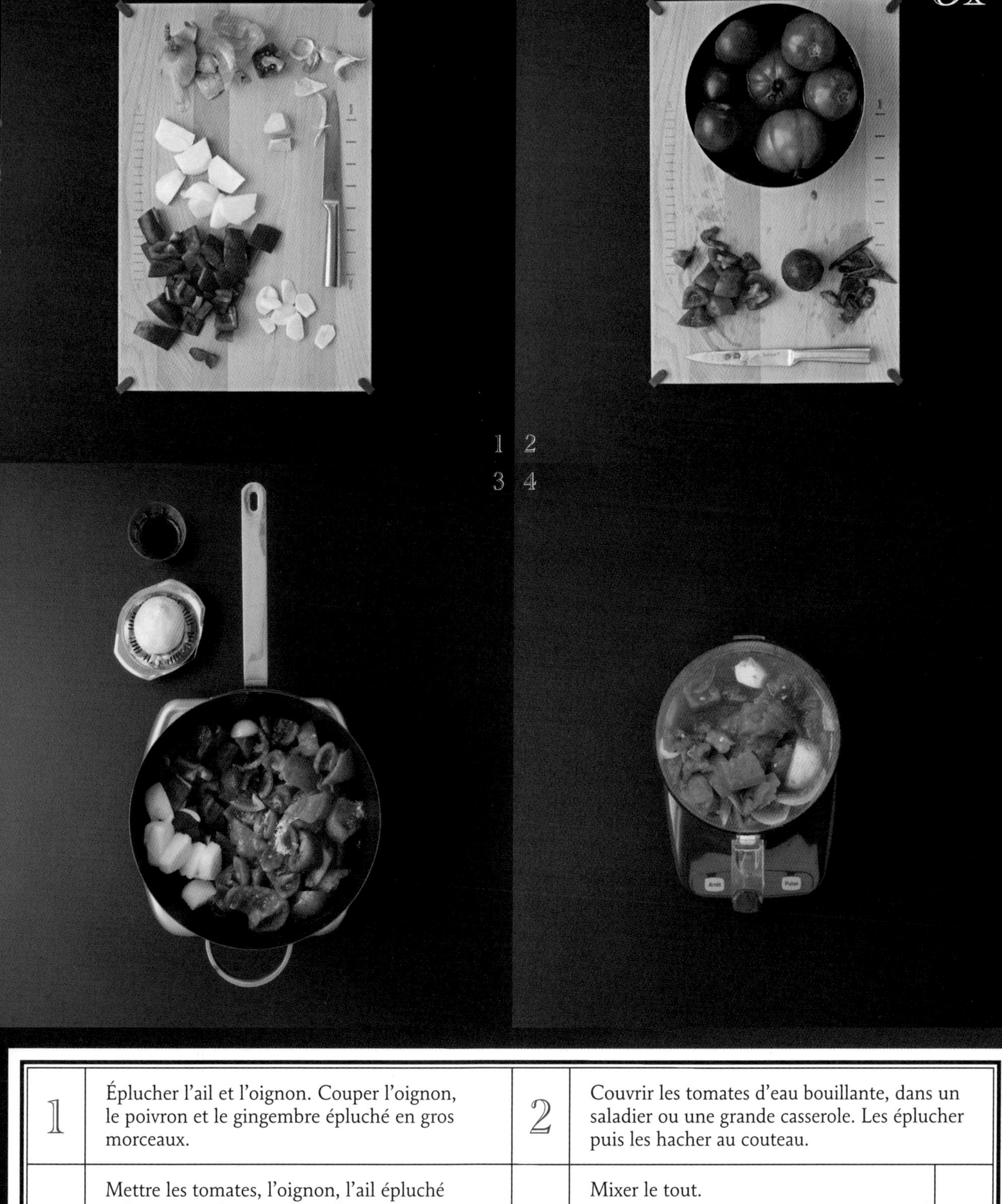

1 2
3 4

1	Éplucher l’ail et l’oignon. Couper l’oignon, le poivron et le gingembre épluché en gros morceaux.	2	Couvrir les tomates d’eau bouillante, dans un saladier ou une grande casserole. Les éplucher puis les hacher au couteau.	
3	Mettre les tomates, l’oignon, l’ail épluché et le poivron dans une grande sauteuse avec la moitié du vinaigre, le zeste et le jus de citron. Cuire 15 minutes sur feu moyen.	4	Mixer le tout.	➢

5	Remettre la préparation mixée dans la casserole. Ajouter le reste de vinaigre et le sel. Rassembler dans un morceau de gaze (ou une grande compresse) les épices (moutarde, poivre, coriandre, girofle, cannelle, gingembre). Fermer avec une ficelle et poser dans les tomates. Cuire 1 heure à petit feu jusqu'à ce que la sauce soit assez réduite et épaisse.	**VARIANTE** On peut varier les épices en fonction de ses goûts. **OPTION** Si l'on trouve des tomates jaunes, choisir un poivron jaune pour un ketchup jaune !

6	Retirer les épices. C'est prêt ! Mettre en pots stérilisés ou garder dans une boîte en plastique, au frais (il se garde plus longtemps en pots, bien sûr). Le consommer une fois refroidi, avec un burger et des frites par exemple (idée recette 51*).	**CONSEIL** Pour un ketchup plus sucré, rajouter un peu de sucre. **COMMENT STÉRILISER LES POTS** Laver très soigneusement à l'eau chaude, rincer, sécher et placer 5 minutes dans un four préchauffé à 180 °C puis les remplir alors qu'ils sont encore chauds.

GADO GADO

POUR 6 PERSONNES • PRÉPARATION : 15 MINUTES • CUISSON : 10 MINUTES

1 cuillerée à soupe d'huile de tournesol
2 gousses d'ail
1 petit piment rouge
250 ml d'eau
150 g de beurre de cacahuètes
1 cuillerée à café de cassonade
Sel

1 2

3 4

1	Éplucher l'ail, le presser au presse-ail ou l'émincer finement. Épépiner le piment, l'émincer.	2	Faire chauffer l'huile sur feu moyen, y jeter l'ail et le piment, remuer trois ou quatre fois.
3	Ajouter l'eau, la cassonade, un peu de sel et le beurre de cacahuètes. Mélanger et laisser cuire pendant 5 minutes, sur feu plus doux.	4	Quand la sauce a légèrement épaissi, c'est prêt. Cette sauce convient parfaitement avec des légumes et du poulet (idée recette 52*).

51*

BURGER + KETCHUP

POUR 1 PERSONNE • KETCHUP MAISON (RECETTE 51)

1. Faire griller légèrement 1 petit pain.
2. Faire cuire 1 steak à sa convenance.
3. Couper 1 oignon doux en tranches (ou utiliser de la confiture d'oignons).
4. Monter le sandwich : pain, 1 ou 2 tranches de cheddar ou de cantal, ketchup, viande, oignons, laitue, cornichons, pain.

LÉGUMES + GADO GADO

POUR 6 PERSONNES • 2 DOSES DE SAUCE GADO GADO (RECETTE 52)

On sert la sauce pour y tremper des légumes crus, des légumes cuits à la vapeur (carottes, asperges vertes, petits pois, poireaux, etc.) et des brochettes de poulet.

BROCHETTES DE POULET :

Faire mariner 2 heures 3 filets de poulet en morceaux dans du citron et de l'huile d'olive. Les monter en brochettes et cuire 10-15 minutes sous le gril du four.

SAUCE AUX COURGETTES RÔTIES

POUR 4 PERSONNES • PRÉPARATION : 15 MINUTES • CUISSON : 20 MINUTES

3 courgettes
4 cuillerées à soupe d'huile d'olive
1 cuillerée à café de sucre
2 cuillerées à café de vinaigre de vin rouge
2 brins de menthe, sel et poivre

AU PRÉALABLE :
Préchauffer le four à 230 °C.
Laver, égoutter et effeuiller la menthe.

ACCOMPAGNEMENT :
Des côtelettes d'agneau (idée recette 53*).

1 2

3 4

1	Laver les courgettes et les couper en tranches dans le sens de la longueur.	2	Les arranger sur une plaque et les badigeonner de 2 cuillerées à soupe d'huile d'olive. Saler et poivrer. Les faire rôtir 20 minutes environ.
3	Mixer les courgettes cuites en purée avec le reste d'huile, la menthe, le sucre et le vinaigre.	4	Rectifier l'assaisonnement si nécessaire, et allonger avec de l'eau pour obtenir la consistance désirée, plus ou moins coulante.

SAUCE AUX CAROTTES

VARIANTE DE LA SAUCE AUX COURGETTES RÔTIES

⟡ 1. Faire rôtir pendant 40 minutes 6 carottes : procéder comme dans la recette 53 en ajoutant 2 échalotes, 1 c. à café de graines de cumin, 1 pincée de graines de fenouil : elles doivent être tendres.

⟡ 2. Mixer avec 1 c. à soupe d'huile d'olive et 100 ml de bouillon de légumes. Rectifier l'assaisonnement.
ACCOMPAGNEMENT : du saumon (idée recette 54*).

SAUCE AUX POIS CASSÉS

VARIANTE DE LA SAUCE AUX COURGETTES RÔTIES

⇠ 1. Faire cuire 200 g de pois cassés secs ou 400 g de fèves fraîches : les pois cassés, en les couvrant d'eau puis en les cuisant à découvert, à feu moyen ; les fèves, en les plongeant 10 minutes dans l'eau bouillante.

⇠ 2. Mixer avec 1 gousse d'ail épluchée, 4 brins de persil plat lavés et effeuillés, du poivre et du sel.

⇠ 3. Ajouter 4 cuillerées à soupe d'huile d'olive et allonger si nécessaire avec du bouillon.

CÔTELETTES + COURGETTE RÔTIE

POUR 2 PERSONNES • 1 DOSE DE SAUCE AUX COURGETTES RÔTIES (RECETTE 53)

1. Poêler 6 à 10 côtelettes d'agneau (selon leurs tailles et l'appétit) dans 2-3 cuillerées à soupe d'huile d'olive, sur feu fort, jusqu'à ce qu'elles soient bien dorées.

2. Saler, poivrer, servir avec un peu de thym frais coupé et la sauce aux courgettes rôties. On peut allonger la sauce avec un peu d'eau chaude pour qu'elle soit coulante.

SAUMON + SAUCE AUX CAROTTES

POUR 2 PERSONNES • 1 DOSE DE SAUCE AUX CAROTTES (RECETTE 54)

1. Préchauffer le four à 220 °C. Poser 2 pavés de saumon sur 2 feuilles de papier sulfurisé, assez grandes pour pouvoir être refermées autour du saumon en laissant de la place au-dessus.
2. Saler, poivrer, répartir 1 c. à soupe d'huile d'olive. Plier les bords, agrafer. Cuire 15-20 minutes.
3. Délayer la sauce avec un peu de bouillon ou d'eau chaude pour qu'elle soit coulante. Servir.

SAUCE AUX AUBERGINES RÔTIES

POUR 4-6 PERSONNES • PRÉPARATION : 15 MINUTES • CUISSON : 50 MINUTES

2 aubergines
5 cuillerées à soupe d'huile d'olive
4 brins de persil plat
Sel et poivre

½ yaourt crémeux ou 2 cuillerées à soupe de tahina (pâte de sésame)
Une pointe de couteau de harissa (facultatif)
1 citron

AU PRÉALABLE :
Préchauffer le four à 230 °C. Laver, égoutter et effeuiller le persil. Presser le citron. Laver les aubergines.

1

2

3

4

5

6

1	Couper les aubergines en deux. Les déposer dans un plat	2	Les arroser de 2 cuillerées à soupe d'huile.	3	Enfourner pour 40 à 50 minutes : elles doivent être tendres.
4	Les mixer avec le persil, l'huile d'olive restante, la harissa, du sel et du poivre.	5	Ajouter le yaourt ou le tahina, hors robot.	6	Ajouter un peu de citron. Servir avec de l'agneau, de la volaille ou des poissons rôtis.

57

SAUCE AUX ARTICHAUTS

POUR 4 PERSONNES • PRÉPARATION : 10 MINUTES

1 bocal d'artichauts à l'huile
Jus et zeste de ½ citron
4 brins de persil plat
1 bonne cuillerée à café de câpres

Un filet de Tabasco
Un peu d'huile d'olive pour allonger
Sel et poivre

ACCOMPAGNEMENT :
Cette sauce est parfaite avec du veau (idée recette 57*).

1 2
3 4

1	Laver, égoutter et effeuiller le persil.	2	Dans le bol d'un robot, mettre les artichauts égouttés, un peu de jus de citron et le zeste, les feuilles de persil, les câpres et un peu de Tabasco.
3	Mixer le tout.	4	Goûter, rectifier l'assaisonnement (sel, citron, Tabasco) et allonger si nécessaire avec de l'huile d'olive.

SAUCE GINGEMBRE SOJA

POUR 2 PERSONNES • PRÉPARATION : 10 MINUTES • CUISSON : 5 MINUTES

1 cuillerée à soupe d'huile neutre
1 cuillerée à café d'huile de sésame (facultatif)
1 bout de racine de gingembre (3-4 cm)

2 cuillerées à soupe de sauce soja claire
¼ de cuillerée à café de sucre roux

AU PRÉALABLE :
Éplucher le gingembre.

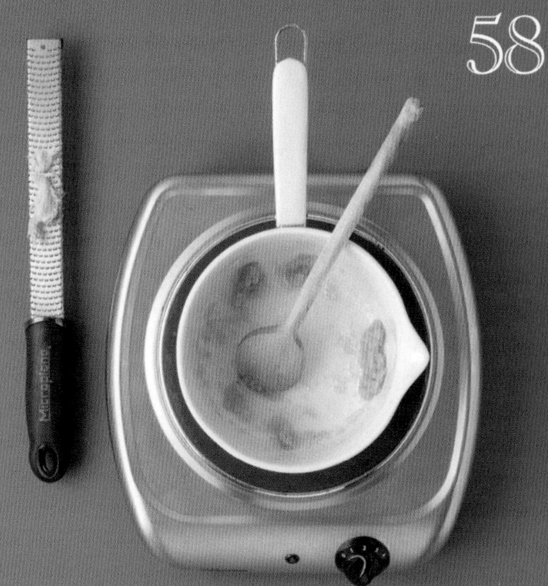

1 2
3 4

1	Chauffer les huiles.	2	Râper le gingembre au-dessus de la casserole, laisser revenir quelques minutes.
3	Couper le feu, ajouter le sucre et la sauce soja.	4	Bien mélanger. Cette sauce accompagne très bien un poisson à la vapeur (idée recette 58*).

CARPACCIO SAUCE ARTICHAUTS

POUR 4 PERSONNES • 1 DOSE DE SAUCE AUX ARTICHAUTS (RECETTE 57)

1. Préparer une sauce aux artichauts et l'allonger avec de l'huile d'olive, autant que l'on désire.
2. Couper des copeaux de parmesan à l'aide d'un économe.
3. Servir 4 portions de carpaccio de bœuf avec la sauce et des copeaux de parmesan.

POISSON + SAUCE GINGEMBRE

POUR 2 PERSONNES • 1 DOSE DE SAUCE GINGEMBRE SOJA (RECETTE 58)

1. Cuire des petits légumes à la vapeur : pois mange-tout, petits pois, asperges vertes, etc.
2. Cuire 4 filets de dorade à la vapeur.
3. Servir les légumes et la dorade avec la sauce.

VARIANTE : on peut aussi rôtir des légumes d'été et cuire du poisson en papillote et les servir avec cette même sauce.

59

SAUCE TERYAKI

✦ **POUR 4 PERSONNES** • PRÉPARATION : 5 MINUTES • CUISSON : 10 MINUTES ✦

5 cuillerées à soupe de saké
5 cuillerées à soupe de mirin
5 cuillerées à soupe de sauce soja claire
½ cuillerée à café de sucre

ACCOMPAGNEMENT :
De la viande de bœuf coupée en lamelles (idée recette 59*).

1 2
3 4

1	Mettre tous les ingrédients dans une casserole.	2	Porter tout doucement à frémissement.
3	Remuer pour dissoudre le sucre. Laisser réduire 5 à 7 minutes afin d'obtenir un sirop un peu épais.	4	La sauce est prête !

PÂTE CURRY VERTE EN SAUCE

POUR 4 PERSONNES • PRÉPARATION : 20 MINUTES • CUISSON : 10 MINUTES

4 tiges de citronnelle
2-3 petits piments verts
3 gousses d'ail et 2 échalotes
Un dé de gingembre
½ botte de coriandre

2 citrons verts
Un trait de sauce poisson
½ cuillerée à café de grains de poivre noir
2 cuillerées à soupe d'huile de tournesol
400 ml de lait de coco

AU PRÉALABLE :
Laver et égoutter la coriandre. Peler l'ail et le gingembre.

1 2

3 4

1	Couper les parties dures de la citronnelle. Épépiner les piments. Couper les tiges de coriandre abîmées ou trop dures. Prélever le zeste d'un citron et presser le jus des 2 citrons.	2	Mixer tous les ingrédients pour obtenir une pâte homogène.
3	Faire chauffer l'huile, faire revenir la pâte de curry quelques minutes, en remuant sans cesse.	4	Ajouter le lait de coco et laisser frémir quelques instants. Ajouter ensuite : poulet, légumes ou crevettes (idée recette 60*).

59*

BŒUF TERYAKI

↠ **POUR 4 PERSONNES** • 1 DOSE DE SAUCE TERYAKI (RECETTE 59) ↞

⇠ 1. Couper 500 g de filet de bœuf en fines lanières.
⇠ 2. Les saisir dans 2 cuillerées à soupe d'huile de tournesol.

⇠ 3. Napper de sauce et servir avec 2 oignons de printemps hachés, avec le vert.

CURRY POTIMARRON-POULET

POUR 4 PERSONNES • 1 DOSE DE PÂTE DE CURRY VERTE EN SAUCE (RECETTE 60)

1. Couper 2 blancs de poulet en morceaux.
2. Réhydrater 1 poignée de champignons noirs séchés. Couper 1 potimarron en fines lamelles.
3. Glisser le tout dans la sauce curry chaude et laisser mijoter. On peut saisir les morceaux de poulet séparément dans un peu d'huile.

SAUCES SALADE

4

IDÉES RECETTES

Certaines sauces sont accompagnées d'une idée recette signalée par une *.

VINAIGRETTE CLASSIQUE

POUR 120 ML DE SAUCE • PRÉPARATION : 5 MINUTES

2 cuillerées à soupe de vinaigre de vin rouge
2 cuillerées à café de moutarde
½ cuillerée à café de sel
Quelques tours de moulin à poivre
6 cuillerées à soupe d'huile de tournesol ou d'huile d'olive

1	Dans un bol, mettre le vinaigre, la moutarde et le sel.	2	Mélanger avec une cuillère : le sel doit se dissoudre.
3	Ajouter l'huile en remuant.	4	Poivrez. Cette sauce est parfaite pour le célèbre « poireaux vinaigrette » (idée recette 61*).

ZESTE SHAKER

POUR 100 ML • PRÉPARATION : 5 MINUTES

1 citron
5 cuillerées à soupe d'huile d'olive
½ cuillerée à café de sel
Poivre du moulin
1 cuillerée à café de moutarde

1 2
3 4

1	Râper à peu près le quart du zeste de citron, avec le côté fin de la râpe.	2	Presser le jus du citron.
3	Mettre dans un bocal 2 cuillerées à soupe du jus et du zeste râpé du citron, l'huile, le sel, un peu de poivre et la moutarde.	4	Secouer vigoureusement. Servir avec une bonne salade mélangée (idée recette 62*).

61*

POIREAUX VINAIGRETTE

POUR 4 PERSONNES • 1 DOSE DE VINAIGRETTE CLASSIQUE (RECETTE 61)

⟡ 1. Enlever les parties dures et abîmées de 8 poireaux fins. Les couper en deux dans le sens de la longueur.
⟡ 2. Les mettre dans l'eau en les remuant pour les nettoyer.
⟡ 3. Les faire cuire à la vapeur jusqu'à ce qu'ils soient tendres (compter 10-15 minutes).
⟡ 4. Laisser refroidir et servir avec la vinaigrette et un peu de réglisse râpé, si l'on aime.

SALADE + ZESTE SHAKER

POUR 4 PERSONNES • 1 DOSE DE ZESTE SHAKER (RECETTE 62)

- 1. Laver 1 laitue et 6 brins de cerfeuil, les égoutter.
- 2. Hacher le cerfeuil.
- 3. Faire cuire à la vapeur et rincer à l'eau froide quelques bouquets de chou romanesco.
- 4. Mélanger la salade, le cerfeuil et le chou. Servir avec la vinaigrette.

63

VINAIGRETTE RAS EL-HANOUT

VARIANTE DE LA VINAIGRETTE CLASSIQUE

⟡ 1. Ajouter ¼ de cuillerée à café de ras el-hanout à la recette de base (recette 61), au début.
⟡ 2. C'est prêt.

OPTION : on peut mettre du curry (mélange indien) à la place du ras el-hanout (mélange nord-africain).
ACCOMPAGNEMENTS : cette sauce est idéale avec du chou-fleur, de l'avocat et des artichauts.

64

HUILE DE NOISETTE

VARIANTE DE LA VINAIGRETTE CLASSIQUE

⇠ 1. Mettre dans un bocal 2 cuillerées à soupe de vinaigre de vin rouge, 1 cuillerée à café de moutarde, ½ cuillerée à café de sel, 2 cuillerées à soupe d'huile de noisette, 4 cuillerées à soupe d'huile d'olive et du poivre du moulin.

⇠ 2. Secouer, c'est prêt !

ACCOMPAGNEMENT : de l'avocat (idée recette 64*).

VINAIGRETTE À L'AIL

VARIANTE DE LA VINAIGRETTE CLASSIQUE

✣ 1. Écraser 1 gousse d'ail et ½ c. à café de sel dans un mortier avec un pilon (ou une petite cuillère).
✣ 2. Ajouter 2 cuillerées à soupe de jus de citron, 6 cuillerées à soupe d'huile d'olive et du poivre.

OPTION : ajouter 1 ou 2 anchois écrasés, au début, avec l'ail, pour une sauce encore plus punchy.
ACCOMPAGNEMENT : crudités, salade et légumes al dente (brocoli, chou-fleur…).

PICO DE GALO

VARIANTE DE LA VINAIGRETTE CLASSIQUE

✧ 1. Réunir le jus de 1 orange et de 1 citron vert, 1 cuillerée à soupe de miel, ½ cuillerée à café de cumin moulu, 1 petit bout de piment rouge émincé, et 1 cuillerée à soupe d'huile d'olive.

✧ 2. Ajouter 4 brins de coriandre lavés, égouttés et effeuillés. Bien mélannger. C'est prêt.

ACCOMPAGNEMENT : une salade d'automne (idée recette 66*).

AVOCAT + HUILE DE NOISETTE

POUR 4 PERSONNES • 1 DOSE DE VINAIGRETTE HUILE DE NOISETTE (RECETTE 64)

Servir 2 avocats bien mûrs avec la vinaigrette huile de noisette.

VARIANTE : préparer cette sauce avec de l'huile de noix, de pistache, etc., mais il est bon de combiner l'huile au goût prononcé avec une huile plus neutre.

ROMAINE + PICO DE GALO

POUR 4 PERSONNES • 1 DOSE DE PICO DE GALO (RECETTE 66)

⇠ 1. Émincer 1 oignon rouge, le mettre dans la vinaigrette et le laisser mariner 30 minutes.
⇠ 2. Couper 1 orange à vif en dés.

⇠ 3. Réunir les feuilles d'une salade romaine lavée et égouttée, l'oignon, la vinaigrette et les dés d'orange.

VINAIGRETTE CAMBODGIENNE

POUR 4 PERSONNES • PRÉPARATION : 5 MINUTES

1. Mélanger 5 cuillerées à soupe de sucre, 350 ml d'eau, 1 cuillerée à soupe de sel, 1 gousse d'ail écrasée et 1 trait de jus de citron vert : il faut bien dissoudre le sucre et le sel.

2. C'est prêt.

OPTION : ajouter un trait de sauce poisson.

ACCOMPAGNEMENT : une salade cambodgienne (idée recette 67*).

68

VINAIGRETTE À LA JAPONAISE

POUR 4 PERSONNES • PRÉPARATION : 5 MINUTES

1. Émincer 1 oignon frais avec du vert, éplucher et râper 1 dé de gingembre. Presser 1 citron.
2. Mélanger 2 c. à s. de pâte de miso rouge, 1 c. à c. de moutarde, un trait d'eau et 1 c. à s. de jus de citron. Ajouter 4 c. à s. d'huile de tournesol puis le gingembre et l'oignon. Ajouter du citron si besoin.

ACCOMPAGNEMENT : une salade soba (idée recette 68*).

SALADE À LA CAMBODGIENNE

POUR 4 PERSONNES • 1 DOSE DE VINAIGRETTE CAMBODGIENNE (RECETTE 67)

1. Couvrir 50 g de nouilles « cellophane » d'eau bouillante 10 minutes, égoutter, rincer à l'eau froide.
2. Couper fin 2 carottes, 1 fenouil, 1 concombre, 1 piment. Hacher 6 brins de menthe et 4 de coriandre.
3. Mélanger crudités, crevettes ou morceaux de poulet cuits et émincés, nouilles en tronçons, sauce.
4. Ajouter les herbes, des cacahuètes grillées moulues et des graines germées.

SALADE SOBA À LA JAPONAISE

POUR 4 PERSONNES • 1 DOSE DE VINAIGRETTE À LA JAPONAISE (RECETTE 68)

⋄ 1. Faire cuire 200 g de nouilles soba.
⋄ 2. Laver 1 botte de roquette ou de cresson, enlever les tiges trop dures.
⋄ 3. Couper du jambon à l'os en dés.
⋄ 4. Mélanger les nouilles avec la sauce, puis ajouter roquette ou cresson et jambon.

VINAIGRETTE MOUTARDE-MIEL

POUR 120 ML DE SAUCE • PRÉPARATION : 10 MINUTES

1 cuillerée à café de moutarde
1 cuillerée à café de miel liquide
2-3 cuillerées à soupe de jus de citron

Une pincée de sel
Poivre du moulin
6 cuillerées à soupe d'huile d'olive

1 2
3 4

1	Mettre tous les ingrédients dans un bol, sauf l'huile.	2	Bien mélanger.
3	Ajouter l'huile progressivement, en fouettant.	4	C'est prêt ! Servir cette vinaigrette avec une salade de poulet (idée recette 69*).

SAUCE SALADE AU BLEU

POUR 200 ML DE SAUCE • PRÉPARATION : 15 MINUTES

100 g de fromage bleu
(roquefort, gorgonzola…)
Un trait de Worcestershire sauce
5 cuillerées à soupe d'huile d'olive

1 cuillerée à soupe de vinaigre
(de vin rouge ou de cidre)
2 brins de cerfeuil (facultatif)
Poivre

AU ROBOT :
Même principe, mais garder un quart du fromage de côté, l'émietter puis l'incorporer à la cuillère à la fin.

1 2

3 4

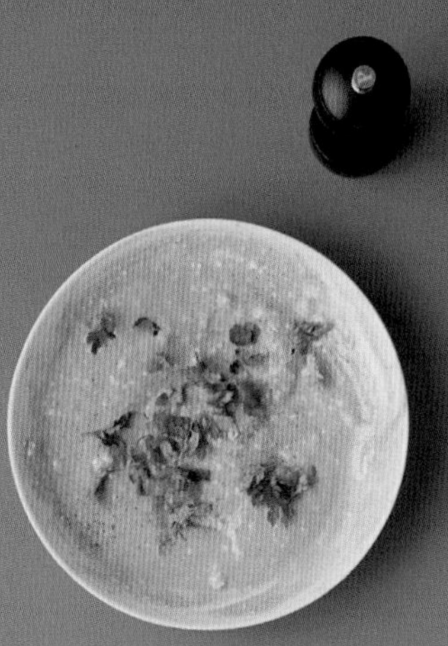

1	Écraser le fromage à la fourchette.	2	Ajouter la Worcestershire sauce et le vinaigre.
3	Ajouter l'huile progressivement, en fouettant.	4	Ajouter le cerfeuil lavé et haché et du poivre. Agrémenter une salade d'hiver avec cette sauce au bleu (idée recette 70*).

POULET + SAUCE MOUTARDE-MIEL

POUR 4 PERSONNES • 1 DOSE DE SAUCE MOUTARDE ET MIEL (RECETTE 69)

- 1. Faire cuire quelques pommes de terre.
- 2. Laver et égoutter 1 salade romaine.
- 3. Mélanger la salade, la sauce, les pommes de terre et un reste de poulet rôti froid coupé en morceaux.

SALADE D'HIVER SAUCE AU BLEU

POUR 4 PERSONNES • 1 DOSE DE DE SAUCE SALADE AU BLEU (RECETTE 70)

- 1. Faire dorer 6 à 8 tranches de pancetta.
- 2. Laver et égoutter des salades d'hiver de son choix (trévise comme ici, ou pousses d'épinards, endives, scarole, frisée…).
- 3. Détacher les feuilles des salades, les couper si besoin.
- 4. Réunir les salades et la pancetta sautée.
- 5. Assaisonner avec la sauce au bleu.

71

SAUCE CAESAR

POUR 180 ML DE SAUCE • PRÉPARATION : 15 MINUTES

2 anchois à l'huile
1 jaune d'œuf
1 gousse d'ail
1 citron

Un trait de Worcestershire sauce
1 cuillerée à café de moutarde
150 ml d'huile d'olive

1 2
3 4

1	Éplucher puis presser l'ail. Hacher finement les anchois. Presser le citron.	2	Fouetter ensemble l'œuf, l'ail, les anchois hachés, la Worcestershire sauce, la moutarde et 1 cuillerée à soupe de jus de citron.
3	Ajouter l'huile progressivement.	4	On obtient une sauce épaisse mais coulante. C'est l'élément indispensable d'une bonne salade caesar (idée recette 71*).

MOJO CUBAIN

POUR 125 ML DE SAUCE • PRÉPARATION : 10 MINUTES • CUISSON : 5 MINUTES

4 cuillerées à soupe d'huile d'olive
3-4 gousses d'ail
2-3 citrons verts

Une pincée de cumin moulu
Sel et poivre

AU PRÉALABLE :
Presser le jus des citrons. Éplucher et émincer l'ail (ou l'écraser au presse-ail).

1 2

3 4

1	Faire chauffer l'huile dans une casserole, ajouter l'ail et le faire revenir brièvement dans l'huile bien chaude. Laisser refroidir.	2	Ajouter 5-6 cuillerées à soupe de jus de citron, le cumin, du sel et du poivre.
3	Porter le tout à ébullition puis arrêter le feu.	4	Laisser refroidir, c'est prêt. Servir avec de la morue (idée recette 72*).

SALADE CAESAR

POUR 4 PERSONNES • 1 DOSE DE SAUCE CAESAR (RECETTE 71)

✣

- 1. Laver et égoutter 1 salade romaine.
- 2. La mélanger avec la sauce, des croûtons et du parmesan.

OPTION : rien n'empêche d'ajouter des blancs de poulet sautés ou des tranches d'avocat citronnées.

MORUE + MOJO CUBAIN

POUR 4 PERSONNES • 1 DOSE DE SAUCE MOJO CUBAIN (RECETTE 72)

✣

⇠ 1. Faire dessaler 800 g de morue séchée pendant 24 heures en la laissant tremper dans un bain d'eau qu'on change trois fois. La détailler en lamelles.

⇠ 2. Servir avec la sauce et des petites tomates mûres. **OPTION** : on peut également pocher la morue si l'on préfère.

ESPUMA

5

IDÉES RECETTES

Chaque sauce est accompagnée d'une idée recette signalée par une *.

ESPUMA CHAMPIGNONS

POUR 4 PERSONNES • PRÉPARATION : 25 MINUTES • CUISSON : 7 MINUTES • REPOS : 15 MINUTES

400 g de girolles et/ou de cèpes, ou autres champignons
25 g de beurre
2 g de gélatine en feuilles
150 ml de crème liquide
1 cartouche de gaz
Sel et poivre

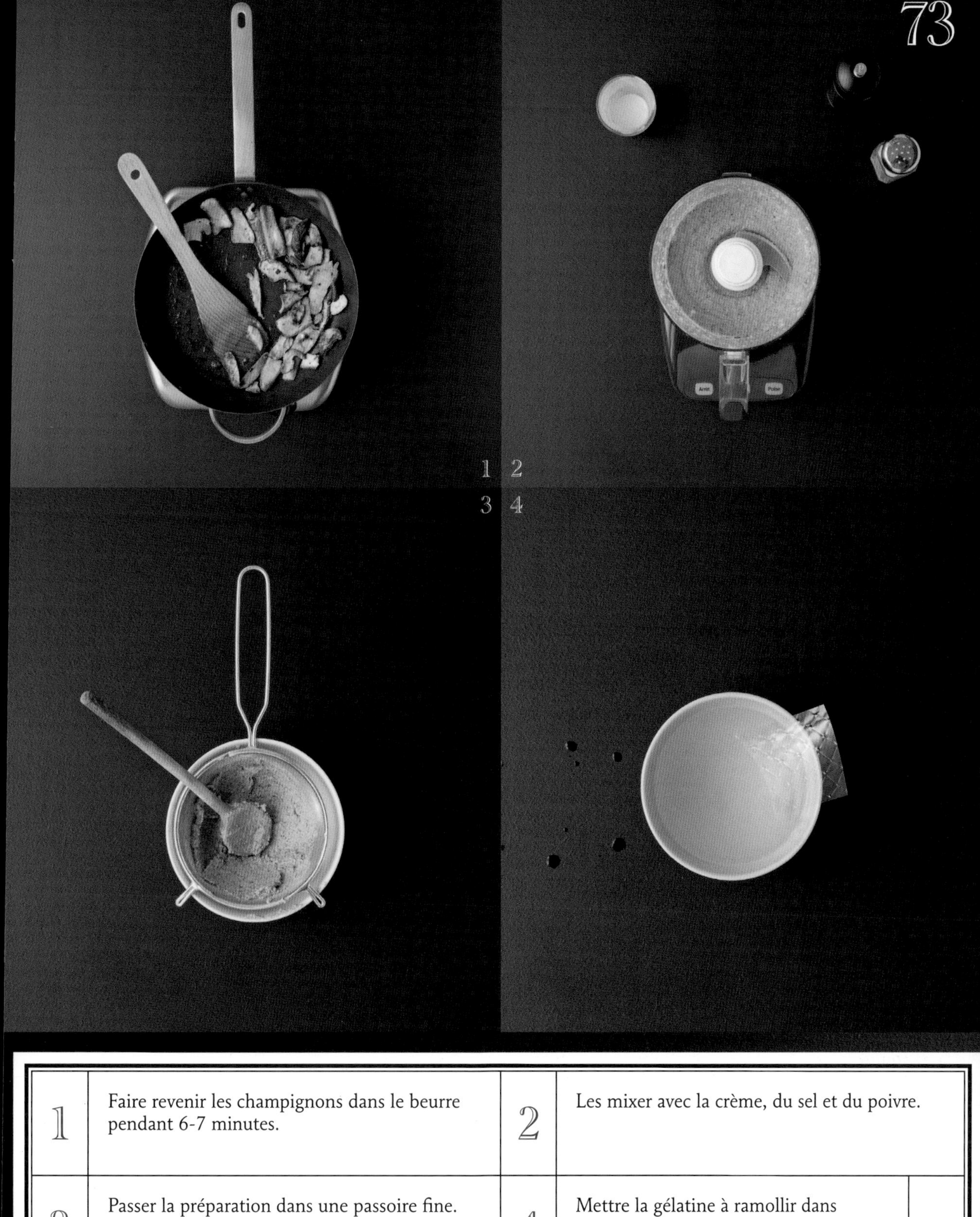

1 2

3 4

1	Faire revenir les champignons dans le beurre pendant 6-7 minutes.	2	Les mixer avec la crème, du sel et du poivre.	
3	Passer la préparation dans une passoire fine.	4	Mettre la gélatine à ramollir dans de l'eau froide.	➢

5	Faire chauffer 200 ml d'eau dans une casserole. Hors du feu, y dissoudre la gélatine égouttée.	6	Mélanger l'eau à la gélatine avec la préparation aux champignons.
7	Mettre la préparation dans le siphon, placer la cartouche de gaz.	8	Secouer. Enlever la cartouche. Laisser reposer 15 minutes à température ambiante.

9	Faire l'écume.	**ACCOMPAGNEMENT** Cet espuma convient parfaitement avec un velouté de champignons ou une poêlée de girolles (idée recette 73*).

ESPUMA COCO

POUR 400 ML D'ESPUMA • PRÉPARATION : 25 MINUTES • REPOS : 30 MINUTES

400 ml de lait de coco
Un peu de piment en poudre ou frais très finement haché

2 g de gélatine préparée (ramollie dans de l'eau froide, égouttée et dissoute dans 100 ml d'eau bouillante)

1 citron vert
1 dé de gingembre
Sel et poivre

1 2
3 4

1	Prélever le zeste du citron, éplucher le gingembre.	2	Mixer zeste et gingembre avec le lait de coco et l'eau à la gélatine, ajouter un peu de piment.
3	Mettre dans le siphon, secouer, laisser reposer 30 minutes environ au réfrigérateur ou 10 minutes au congélateur, en secouant de temps en temps.	4	Secouer, presser. Servir avec une soupe de lentilles corail par exemple (idée recette 74*).

POÊLÉE DE GIROLLES

POUR 4 PERSONNES • 1 DOSE D'ESPUMA CHAMPIGNONS (RECETTE 73)

✣

⟡ 1. Faire revenir 600 g de girolles dans 25 g de beurre.

⟡ 2. Les servir avec l'espuma aux champignons et un peu de ciboulette.

SOUPE + ESPUMA COCO

POUR 4 PERSONNES • 1 DOSE D'ESPUMA COCO (RECETTE 74)

⇠ 1. Cuire 200 g de lentilles corail avec 3 gousses de cardamome, 1 bâton de cannelle, une pincée de cumin moulu, une pincée de curcuma, 400 g de tomates pelées, 1 oignon et 1 gousse d'ail hachés.

⇠ 2. Couvrir d'eau froide, laisser cuire 20-25 minutes.

⇠ 3. Ôter les gousses de cardamome et le bâton de cannelle puis mixer.

⇠ 4. Servir la soupe avec un nuage d'espuma coco.

ESPUMA FOIE GRAS

POUR 4 PERSONNES • PRÉPARATION : 15 MINUTES • REPOS : 30 MINUTES

2 g de gélatine préparée (ramollie dans de l'eau froide, égouttée puis dissoute dans 250 ml d'eau bouillante).

2 tranches de foie gras entier mi-cuit
Un trait de cognac
Sel et poivre

REMARQUE :
Laisser tiédir l'eau à la gélatine si le bol du mixeur n'est pas en verre.

1 2

3 4

1	Mixer le foie gras avec du sel, du poivre et le cognac.	2	Ajouter l'eau à la gélatine.
3	Verser dans le siphon, mettre la cartouche de gaz puis secouer. Ôter la cartouche.	4	Laisser reposer une trentaine de minutes au réfrigérateur, en secouant régulièrement. Faire l'écume. Servir avec une soupe poireaux-pommes de terre (idée recette 75*).

ESPUMA JAMBON

POUR 4 PERSONNES • PRÉPARATION : 25 MINUTES • REPOS : 30 MINUTES

2 g de gélatine préparée (ramollie dans de l'eau froide, égouttée et dissoute dans 250 ml d'eau bouillante)

100 g de jambon serrano
Poivre

1 2

3 4

1	Mixer le jambon avec l'eau à la gélatine et du poivre.	2	Passer la préparation à travers une passoire. Poivrer si l'on aime.
3	Mettre dans le siphon, secouer. Laisser refroidir 30 minutes environ au réfrigérateur ou 10 minutes au congélateur, en secouant de temps en temps.	4	Secouer une dernière fois et réaliser l'écume. Servir avec une soupe de potiron (idée recette 76*).

SOUPE + ESPUMA FOIE GRAS

POUR 4 PERSONNES • 1 DOSE D'ESPUMA FOIE GRAS (RECETTE 75)

⇠ 1. Faire revenir 1 oignon dans 15 g de beurre.
⇠ 2. Ajouter 2 pommes de terre épluchées et coupées en dés, puis 4-5 poireaux nettoyés et coupés en tronçons.
⇠ 3. Ajouter ½ litre de bouillon de volaille ou de légumes et laisser cuire 25 minutes environ.
⇠ 4. Mixer ou passer au moulin à légumes. Rectifier l'assaisonnement et servir avec l'espuma.

SOUPE + ESPUMA JAMBON

POUR 4 PERSONNES • 1 DOSE D'ESPUMA JAMBON (RECETTE 76)

✣ 1. Faire revenir 1 oignon dans 15 g de beurre.
✣ 2. Ajouter 2 pommes de terre épluchées et coupées en dés, puis du potiron (une belle tranche), épluché et coupé en morceaux.
✣ 3. Ajouter ½ litre de bouillon de volaille ou de légumes et laisser cuire 25 minutes environ.
✣ 4. Mixer ou passer au moulin à légumes. Rectifier l'assaisonnement. Servir avec l'espuma.

LES SUCRÉES

6

IDÉES RECETTES

Chaque sauce est accompagnée d'une idée recette signalée par une *.

ESPUMA NOUGAT

POUR 200 ML DE SAUCE • PRÉPARATION : 25 MINUTES • REPOS : 30 MINUTES

100 g de turron (nougat espagnol tendre)
2 g de gélatine préparée (ramollie dans de l'eau froide, égouttée et dissoute dans 125 ml d'eau bouillante)

INFO PRODUIT :
Attention pour cette recette, bien choisir du turron « jijona » espagnol mou, celui qui fond dans la bouche (le nougat de Montélimar ou le dur ou encore le nougat italien ne conviennent pas). On le trouve parfois au rayon exotique des supermarchés, sinon dans des épiceries fines.

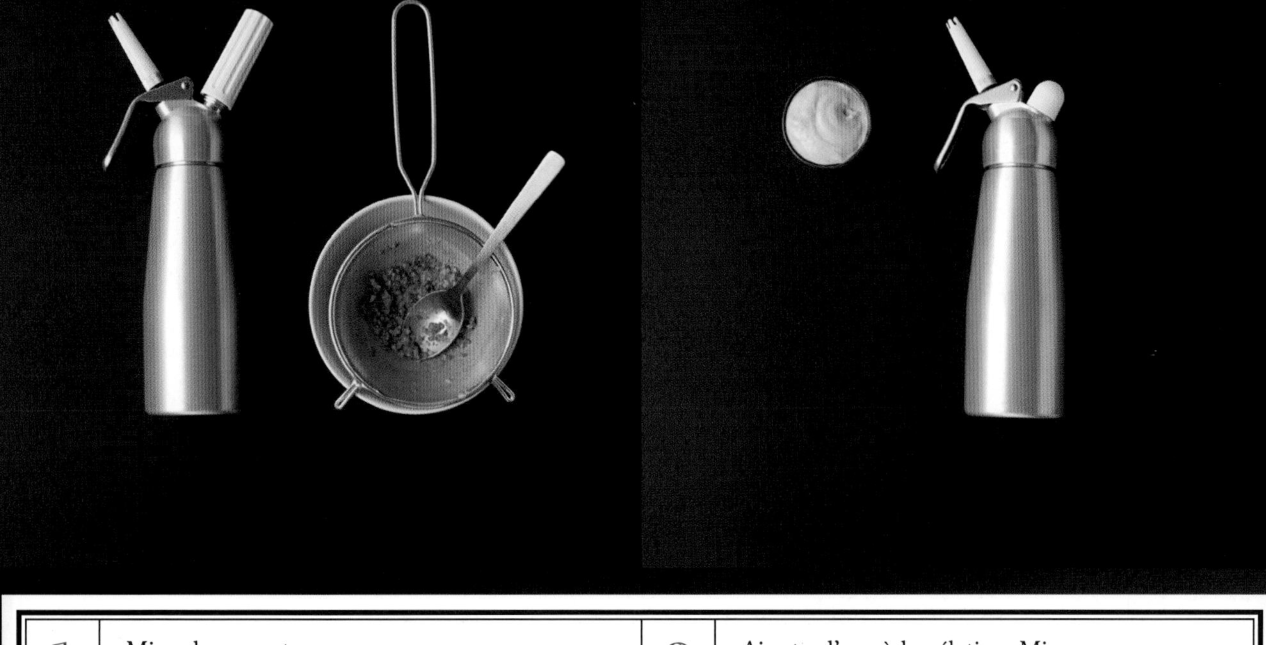

1	Mixer le nougat.	2	Ajouter l'eau à la gélatine. Mixer.
3	Passer la préparation dans une passoire. La mettre dans le siphon, secouer et laisser reposer 30 minutes environ au réfrigérateur ou 10 minutes au congélateur, en secouant de temps en temps.	4	Secouer et presser. Servir avec une bonne glace, maison pourquoi pas (idée recette 77*).

CHANTILLY

POUR 6 PERSONNES • PRÉPARATION : 10 MINUTES

400 ml de crème liquide entière bien froide (sortant du réfrigérateur)
Un soupçon de rhum (facultatif)
Une goutte d'extrait de vanille
2 cuillerées à soupe de sucre (ou moins, ou davantage, question de goût)

1 2

3 4

1	Mélanger ensemble rhum, sucre et vanille, pour dissoudre le sucre.	2	Mélanger avec la crème liquide.
3	Mettre dans le siphon, insérer la cartouche de gaz.	4	Secouer et presser.

SAUCE CARAMEL

POUR 4 À 6 PERSONNES • PRÉPARATION : 20 MINUTES

175 g de sucre
5 cuillerées à soupe d'eau
125 g de beurre doux (ou de beurre salé)
125 ml de crème fraîche
Quelques gouttes d'extrait de vanille
Une pincée de sel

CONSEIL :
La sauce s'utilise tout de suite mais une fois refroidie, elle se garde très bien au frais. La réchauffer doucement au bain-marie.

1	Réunir le sucre et l'eau dans une casserole. Chauffer doucement.	2	Laisser le sucre se dissoudre en penchant un peu la casserole.	3	Laisser cuire en caramel : lorsqu'il est doré (couleur miel), ôter du feu.
4	Ajouter le beurre coupé en morceaux, fouetter avec une spatule.	5	Ajouter la crème, remuer. S'il y a des grumeaux, remettre sur feu doux.	6	Hors du feu, ajouter sel et vanille. À déguster avec des crêpes par exemple (idée recette 79*).

77*

GLACE + ESPUMA NOUGAT

POUR 4 PERSONNES • 1 DOSE D'ESPUMA NOUGAT (RECETTE 77)

Servir l'espuma nougat sur une glace, aux marrons par exemple. Accompagner d'un peu de chantilly (recette 78) si l'on aime.

REMARQUE : la combinaison marron-nougat est très festive. Mais l'espuma nougat marche aussi sur une crêpe à la pomme, à la place d'une sauce caramel, ou bien encore sur une panna cotta.

CRÊPES + CARAMEL + CHANTILLY

POUR 4 PERSONNES • 1 DOSE DE CHANTILLY (RECETTE 78) • 1 DOSE DE SAUCE CARAMEL (RECETTE 79)

⇜ 1. Faire dorer 2-3 pommes coupées en quartiers dans du beurre. Ajouter un peu de cassonade.
⇜ 2. Faire chauffer 4 crêpes de froment maison ou achetées dans du beurre.
⇜ 3. Les garnir avec les pommes écrasées, la sauce caramel chaude et la chantilly.

CRÈME ANGLAISE

POUR 500 ML DE SAUCE • PRÉPARATION : 15 MINUTES • CUISSON : 20 MINUTES • REPOS : 15 MINUTES

600 ml de lait entier
6 jaunes d'œufs
4-5 cuillerées à soupe de sucre
1 gousse de vanille

AU PRÉALABLE :
Fendre la gousse de vanille en deux dans le sens de la longueur.

IDÉE :
On peut remplacer la vanille par quelques gousses de cardamome, qu'on jettera après l'étape d'infusion.

1 2

3 4

1	Faire chauffer le lait avec la gousse de vanille dans une casserole. Dès que le lait bout, retirer du feu, couvrir et laisser infuser 15 minutes.	2	Dans une grande casserole, fouetter les jaunes avec le sucre, sans trop faire mousser.
3	À travers une passoire, verser le lait, puis fouetter pour l'incorporer. Racler les graines de la gousse de vanille et les ajouter à la préparation.	4	Cuire sur feu très doux en remuant sans cesse jusqu'à ce que la sauce nappe la cuillère. Si la crème se « sépare », ôter du feu, fouetter vigoureusement pour lisser, remettre sur le feu.

BUTTERSCOTCH

POUR 4 PERSONNES • PRÉPARATION : 10 MINUTES • CUISSON : 10 MINUTES

50 g de beurre (doux ou salé)
100 g de vergeoise (à défaut, de cassonade)
100 g de sirop d'agave ou golden syrup
150 ml de crème liquide légère
1 cuillerée à soupe de cognac

IDÉES :
On peut faire la sauce sans alcool, et la parfumer à la fin avec quelques gouttes d'extrait de vanille.

Le sirop d'agave se trouve dans les magasins bio, le golden syrup au rayon épicerie exotique (il s'agit de sirop de maïs). On peut éventuellement le remplacer par un miel liquide au goût assez doux.

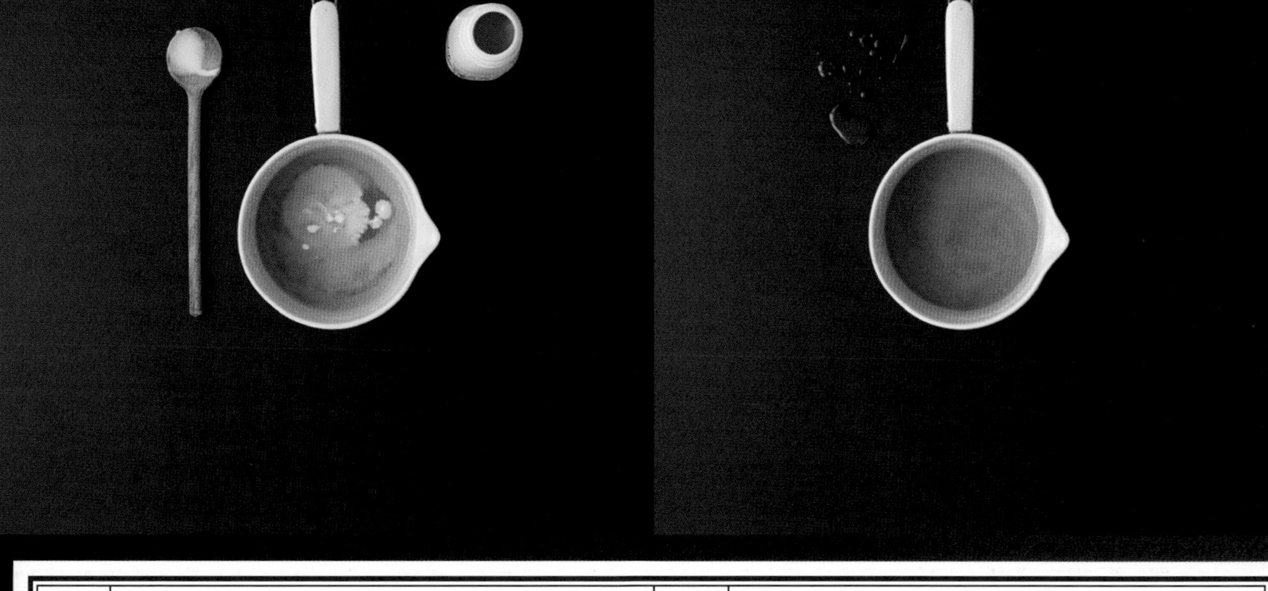

1	Faire fondre ensemble, tout doucement, le sucre, le beurre, le sirop et le cognac.	2	Remuer : le sucre va se dissoudre. Poursuivre la cuisson quelques minutes, sans remuer.
3	Hors du feu, ajouter la crème liquide, progressivement (attention aux éclaboussures).	4	Remuer (toujours hors du feu) pendant 2-3 minutes pour obtenir une sauce lisse. Ajouter une pincée de sel. Une fois refroidie, la sauce se garde très bien au frais. La réchauffer doucement au bain-marie.

TARTE AUX POMMES

POUR 4 PERSONNES • 1 DOSE DE CRÈME ANGLAISE (RECETTE 80) ET/OU DE SAUCE CARAMEL (RECETTE 79)

✣ 1. Foncer un moule de pâte brisée et placer au frais.
✣ 2. Couper 8 pommes en quartiers. Les faire sauter dans 45 g de beurre : elles doivent être dorées. Ajouter 2 c. à soupe de cassonade. En garnir le fond de tarte.
✣ 3. Fouetter 1 œuf, 100 ml de crème fraîche et 1 c. à soupe de sucre. Verser sur les pommes.
✣ 4. Faire cuire 30 minutes à 180 °C. Servir avec la crème anglaise et/ou la sauce caramel.

GLACE + BUTTERSCOTCH

POUR 4 PERSONNES • 1 DOSE DE BUTTERSCOTCH (RECETTE 81)

Servir la sauce sur 500 ml de glace au yaourt avec quelques éclats de meringue – pas trop car la sauce et la glace sont déjà sucrées – et 1 cuillerée de yaourt type Fjord. On peut ajouter aussi un trait de limoncello.

COULIS DE FRAISES

POUR 300 ML DE COULIS • PRÉPARATION : 15 MINUTES

500 g de fraises
2 cuillerées à soupe de sucre environ
1 citron jaune
Poivre (facultatif)

IDÉE :
On peut relever ce coulis d'une cuillerée ou deux de vinaigre balsamique (ajouter alors une petite cuillerée ou deux de sucre) pour une glace vanille, par exemple.

1 2

3 4

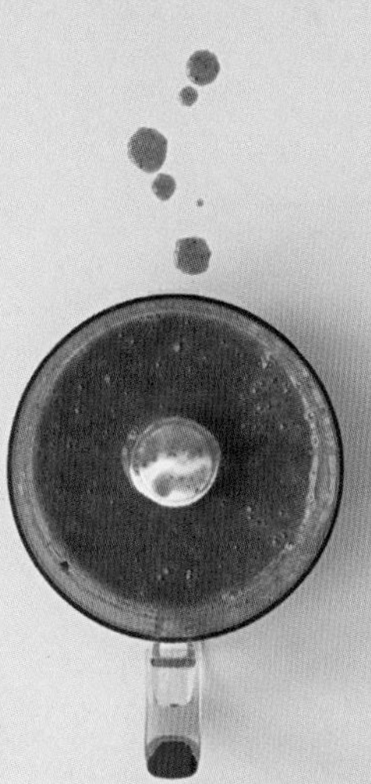

1	Rincer et équeuter les fraises. Les couper en deux.	2	Placer les fraises dans le bol d'un mixeur.
3	Les mixer avec le sucre et quelques gouttes de jus de citron. Donner un tour de moulin à poivre si l'on aime.	4	Goûter pour rectifier les quantités de sucre et de citron.

COULIS DE MANGUE

POUR 200 ML DE COULIS • PRÉPARATION : 10 MINUTES

1. Peler 1 mangues bien mûre. Ôter le noyau.

2. La mixer avec un peu de jus de citron vert.

CONSEIL : il n'est pas nécessaire d'ajouter du sucre car la mangue est parfois très sucrée.

COULIS DE RHUBARBE

⇝ POUR 300 ML DE COULIS • PRÉPARATION : 5 MINUTES • CUISSON : 30-35 MINUTES ⇜

⇜ 1. Enfourner à 190 °C, pendant, 30-35 minutes, 500 g de rhubarbe coupée en tronçons (fraîche ou surgelée), avec 2-3 cuillerées à soupe de sucre et un soupçon de gingembre frais râpé (en option).

⇜ 2. Mixer, passer éventuellement dans une passoire, allonger avec un peu d'eau si nécessaire et ajouter du sucre s'il n'y en a pas assez.

SAUCE CHOCOLAT

POUR 200 ML DE SAUCE • PRÉPARATION : 15 MINUTES • CUISSON : 5 MINUTES

100 ml de crème liquide légère
100 g de chocolat noir
10 g de beurre

IDÉES :
Cette sauce se parfume à volonté, en infusant au préalable dans le lait une gousse de vanille, deux-trois gousses de cardamome, un bâton de cannelle, du thé earl grey, ou encore en ajoutant à la fin une cuillerée à soupe de rhum ou de cognac.
On peut utiliser du beurre salé si l'on aime.

1 2

3 4

1	Hacher le chocolat au couteau.	2	Faire chauffer la crème.
3	Lorsqu'elle parvient à ébullition, ôter du feu et ajouter le chocolat et le beurre.	4	Fouetter. C'est prêt. La sauce se garde bien au frais : il suffit de la réchauffer tout doucement et de la fouetter si nécessaire avant de l'utiliser. **ACCOMPAGNEMENT :** une tarte aux poires (idée recette 85*).

82* à 84*

PANNA COTTA

POUR 4 PERSONNES • 1 DOSE DE COULIS DE FRUITS (RECETTES 82, 83 ET 84)

⟡ 1. Faire ramollir 12 g de gélatine dans de l'eau.
⟡ 2. Faire chauffer 600 ml de crème liquide entière avec 1 gousse de vanille fendue en deux, le zeste finement râpé de 1 citron et 6 c. à soupe de sucre. Remuer. Lorsque la crème arrive à ébullition, la retirer du feu et y dissoudre la gélatine.
⟡ 3. Verser dans des moules, laisser refroidir et prendre au frais quelques heures. Servir avec les coulis.

TARTE AUX POIRES

POUR 6 PERSONNES • 1 DOSE DE SAUCE CHOCOLAT (RECETTE 85)

- 1. Foncer un moule de pâte brisée et placer au frais.
- 2. Couper 6 poires cuites ou mûres. Les citronner.
- 3. En garnir le fond de tarte.
- 4. Fouetter ensemble 1 œuf et 100 ml de crème fraîche, 5 c. à soupe de sucre et verser le mélange sur les poires.
- 5. Faire cuire 30 minutes. Servir avec la sauce chocolat.

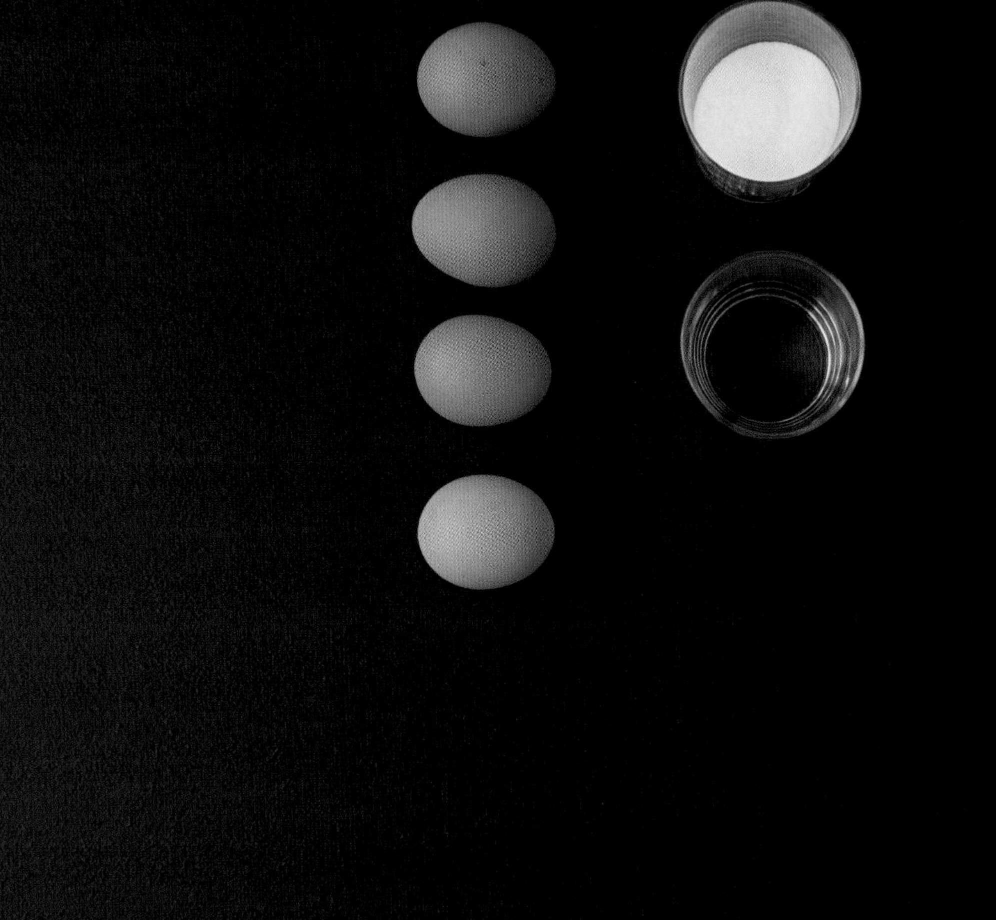

SABAYON

POUR 4 PERSONNES • PRÉPARATION : 20 MINUTES • CUISSON 10 MINUTES

4 jaunes d'œufs
3-4 cuillerées à soupe de sucre
125 ml de vin blanc fruité

CONSERVATION :
On peut garder le sabayon au frais quelques heures. Dans ce cas, le sortir en avance pour qu'il revienne à température ambiante avant de l'utiliser, sinon il se défera.

VARIANTE :
On peut remplacer le vin blanc par du muscat, du champagne ou encore du jus de citron (ajouter du sucre dans ce cas).

3 4

1	Fouetter ensemble les jaunes d'œufs et le sucre dans un bol, qui pourra ensuite se mettre sur une casserole au bain-marie, jusqu'à ce que le mélange devienne pâle et mousseux.	2	Ajouter le vin progressivement, toujours en fouettant.
3	Chauffer au bain-marie. Fouetter sans cesse jusqu'à ce que le mélange devienne mousseux et augmente de volume : compter 5 à 10 minutes.	4	Servir de suite. Si l'on ne veut pas servir tout de suite, il faut continuer à fouetter le sabayon hors du feu jusqu'à refroidissement.

CRÈME AU CITRON

POUR 750 ML DE SAUCE • PRÉPARATION : 15 MINUTES • CUISSON : 20 MINUTES

4 citrons
4 œufs
400 g de sucre
100 g de beurre

IDÉES :
Utiliser des citrons verts ou remplacer 1 citron par 1 orange.

1	Prélever le zeste et presser le jus des citrons. Battre les œufs dans un bol.	2	Dans un bain-marie, mettre les zestes et le jus des citrons, le sucre et le beurre coupé en morceaux. Faire cuire en remuant jusqu'à ce que le sucre soit dissous.
3	Ajouter les œufs et cuire tout doucement (ne surtout pas faire bouillir) en remuant sans cesse.	4	C'est prêt lorsque le mélange nappe la cuillère. Préparer avec cette crème des mini tartes au citron express (idée recette 87*).

GLACE + BAIES + SABAYON

POUR 4 PERSONNES • 1 DOSE DE SABAYON (RECETTE 86)

Servir le sabayon sur une glace aux fruits rouges agrémentée de quelques fruits rouges frais. On peut également utiliser des fruits surgelés (compter 400 g pour 4 personnes), qu'on décongèlera en les mettant dans une casserole avec 1 ou 2 cuillerées à soupe de sucre en poudre, selon ses goûts.

SABLÉS + CRÈME AU CITRON

POUR 4 PERSONNES • 1 DOSE DE CRÈME AU CITRON (RECETTE 87)

On achète des sablés du commerce et on les tartine de crème au citron, pour faire des mini tartes au citron instantanées.

VARIANTE : TARTE AU CITRON
Garnir un fond de pâte sablée cuite avec la sauce, recouvrir de meringue si l'on aime et enfourner 10 minutes à 180 °C.

ANNEXES

GLOSSAIRE

TABLEAU DES SAUCES

TABLE DES MATIÈRES

INDEX DES RECETTES

INDEX THÉMATIQUE

REMERCIEMENTS

GLOSSAIRE

ANCHOIS
L'anchois à l'huile est utilisé comme un aromate puissant pour des sauces relevant par exemple des viandes froides. Ses filets s'émiettent à la fourchette ou se hachent au couteau avant d'être incorporés aux autres ingrédients.

CHUTNEY
Préparation d'origine indienne, condiment à base de légumes, herbes, aromates se présentant comme une conserve ou, comme dans ce livre, sous forme d'une sauce fraîche réunissant des ingrédients mixés ou pilés vifs, piquants ou au contraire d'effet adoucissant : menthe, coriandre, coco, épices…

ÉMINCER
Hacher finement des ingrédients aromatiques, oignons, échalotes, herbes, qui seront ajoutés à une sauce (béarnaise) ou eux-mêmes constitutifs d'une sauce (salsas, chimichurri…). Dans les deux cas, il faut le faire finement, avec un bon couteau aiguisé et une planche à découper.

ESPUMA
Mot espagnol parfois traduit par « écume ». Préparation phare de la cuisine moléculaire, il s'agit d'une mousse aussi légère qu'une écume, réalisée grâce à un siphon (comme un siphon à chantilly, mais supportant aussi le chaud) qui permet d'injecter dans une préparation très fluide une dose de protoxyde d'azote, aboutissant à une texture évanescente.

FOUET
Pour les sauces, on utilise un batteur électrique (mayonnaise) ou un fouet à main plutôt long et ovale ou bien un fouet plat, qui permet de bien racler le fond des bols ou casseroles (béarnaise, sabayon…).

MIXER
Passer des ingrédients dans un robot ménager, type mixeur ou blender, outils quasi indispensables pour un certain nombre de sauces. Mais on peut aussi pilonner dans un mortier…

MONTER
On « monte » une sauce à l'huile : à des ingrédients de base (œuf souvent, mais pas toujours, vinaigre, moutarde…), on ajoute très progressivement, en fouettant (à la main ou au batteur), un corps gras liquide (huile, beurre fondu), permettant de faire monter en volume la sauce tout en conservant l'émulsion. S'applique bien sûr à la mayonnaise, mais aussi à la béarnaise, la hollandaise, la sauce caesar, à certaines vinaigrettes…

PASSER
Il s'agit de filtrer une préparation à travers une passoire (ou un chinois – une passoire de forme conique) qui, pour les sauces, doit en général être assez fine : l'idée est d'éliminer les morceaux pour ne garder dans la préparation finale, lisse et fluide, que la saveur des ingrédients. Il est parfois nécessaire de garnir la passoire d'une gaze pour un filtrage encore plus fin : on peut tout simplement utiliser une grande compresse.

RAÏTA
Préparation d'origine indienne, en général à base de yaourt, de crudités, de fruits (banane…) d'herbes et d'épices douces, servant à adoucir le palais à côté d'un plat très piquant. Convient aussi comme accompagnement rafraîchissant de tout plat mijoté, ou du poulet sous toutes ses formes (blanc poêlé, restes de rôti, brochettes).

RÉDUIRE
Diminuer le volume d'une préparation liquide en la faisant bouillir ou frémir. La réduction en est le résultat. Le processus permet une concentration de saveurs. Par exemple, la réduction de vinaigre avec échalote et estragon est la base aromatique de la béarnaise (on peut même jeter les herbes et échalotes ensuite, tout le goût est dans la réduction).

RELISH
« To relish » signifie en anglais « se délecter » de quelque chose. On donne ce nom à une petite préparation modeste mais pleine de goût, souvent d'ail, qui relève des plats simples.

ROUX
Le roux est l'addition beurre fondu + farine, qui permet d'épaissir la sauce dont il est la base. Le mélange se fait dans une casserole, dans laquelle il cuira, remué, plus ou moins longtemps : moins de 5 minutes, c'est un roux blanc (pour une béchamel par exemple), 6-7 minutes, un roux blond à la teinte un peu plus marquée et au léger goût de noisette (pour un velouté), au-delà de 8-9 minutes c'est un roux brun.

SALSA
Préparation d'origine sud-américaine, salsa signifie sauce en espagnol mais le terme est retenu chez nous pour désigner un hachis de produits crus, tomates, fruits, herbes, piments… qui réveille un plat mijoté (chili con carne, bourguignon, soupe) ou relève tout en légèreté viande ou poisson grillé. On peut aussi y tremper ses nachos bien sûr !

SAUCES BRUNES
C'est l'une des grandes familles de sauces, préparées à partir de bouillons bruns, de roux bruns, de différents liquides et ingrédients aromatiques (vin, autres alcools, oignon, lard…) qui sont ajoutés un par un, cuits ou réduits pour plus de goût et qui forment dans la sauce finale une superposition de saveurs particulièrement remarquable. Leur préparation est longue, elles sont représentées dans ce livre par la sauce marchand de vin, dans une version relativement rapide et simplifiée. Les « sauces mères » de cette famille sont la sauce espagnole (qui comprend une garniture aromatique de carottes, céleri, oignons, du bouillon de bœuf, de la tomate…), la sauce demi-glacée (la même chose mais avec aussi des champignons, du madère…).

SAUCE MÈRE
Il s'agit de la recette de base d'une grande famille de sauces, recette à partir de laquelle toutes les variations de saveurs sont possibles. La béchamel est la sauce mère de la famille béchamel (qui comprend la soubise, la mornay…), la hollandaise est la sauce mère des sauces partant d'une émulsion de beurre fondu et d'œufs, maintenue chaude (comme la béarnaise). Le velouté est également une sauce mère se déclinant en multiples variations (bercy, suprême). La sauce espagnole est la sauce mère des sauces brunes (bordelaise, marchand de vin, madère…).

TOURNER
On dit qu'une sauce « tourne » lorsque l'émulsion qui la constitue se brise : les corps gras se séparent des autres corps et la sauce prend un aspect séparé, le gras d'un côté et les solides ou autres liquides de l'autre. Parfois, il faut jeter, parfois, on peut rattraper la sauce : dans une mayonnaise, on recommence l'émulsion avec un nouveau jaune d'œuf (qui contient un agent émulsifiant) auquel on ajoute progressivement la sauce ratée et l'huile restante.

VELOUTÉS
Il s'agit d'une des grandes familles de sauces. Le velouté ressemble à une béchamel dans laquelle le lait est remplacé par du bouillon. On le parfume à l'échalote, au vin blanc, on le prépare avec un fumet de poisson, un bouillon de légumes ou de volaille. Il se sert tel quel surtout sur les volailles, viandes blanches et poissons, mais peut servir de base à la préparation de gratins, tourtes, lasagne…

ZESTE
Le zeste d'agrume est le bienvenu dans de nombreuses sauces : il contient des huiles essentielles au parfum très prononcé. L'idéal est de le râper avec le côté fin d'une râpe ou à l'aide d'une râpe spéciale (type microplane). Les zesteurs classiques donnent des zestes souvent trop gros pour les sauces.

TABLEAU DES SAUCES

	VIANDES CUITES	VIANDES FROIDES	VOLAILLE	POISSONS BLANCS	POISSONS GRAS	CRUDITÉS SALADES	LÉGUMES CUITS SOUPE	PÂTES
béchamel			+	+			+	
béarnaise	+							
les hollandaises							+	
beurre blanc				+	+		+	
sauce au bleu	+							
poivre vert	+							
sauce bercy			+	+	+			
marchand de vin	+							
sauce au jus de viande	+		+				+	
gribiche		+						
mayo			+			+	+	
aïoli				+			+	
mayo green goddess		+	+					
tartare		+			+	+		
marie-rose	+					+		
rouille				+			+	
pesto classique	+	+			+		+	+
pesto pistache	+						+	+
pesto cresson	+				+		+	+
pesto menthe	+						+	+
pesto rouge							+	+
sauce tomate		+						+
arrabiata								+
puttanesca		+						
bolognese express								+
vodka								+
sauce aux tomates rôties		+			+			+
sauce aux tomates crues								+
sauce aux 3 tomates					+			
sauce citron-crème			+	+				
aglio olio								+
salsa tomate-piment	+		+	+			+	
mangues amandes				+	+			
rougail tomate gingembre	+		+		+			
chimichurri	+				+			
guacamole			+		+	+		
fresh chutney menthe	+	+			+			

	VIANDES CUITES	VIANDES FROIDES	VOLAILLE	POISSONS BLANCS	POISSONS GRAS	CRUDITÉS SALADES	LÉGUMES CUITS SOUPE	PÂTES
chutney coco-coriandre			+		+		+	
chutney crémeux			+			+		
raïta concombre			+					
relish poivron ail	+				+			
sauce aux anchois	+	+						
sauce aux anchois hachés	+	+						
sauce verte	+				+		+	
sauce verte à l'orange					+		+	
sauce raifort à la pomme	+	+						
sauce gravlax				+	+			
sauce vanille			+	+	+			
ketchup maison	+		+		+			
gado gado			+	+	+	+	+	
sauce aux courgettes rôties	+							
sauce aux carottes			+		+			
sauce aux pois cassés	+				+			
sauce aux aubergines	+		+	+		+		
sauce aux artichauts	+					+		
sauce gingembre soja			+	+	+		+	
sauce teryaki	+				+			
pate curry verte en sauce			+	+	+		+	
vinaigrette classique						+	+	
zeste shaker					+	+	+	
vinaigrette ras el-hanout			+			+	+	
huile de noisette						+	+	
vinaigrette à l'ail			+			+	+	
pico de galo					+	+		
vinaigrette cambodgienne			+			+	+	
vinaigrette à la japonaise			+			+	+	
vinaigrette moutarde-miel		+				+		
sauce salade au bleu			+			+		
sauce caesar			+			+	+	
mojo cubain			+			+	+	
espuma champignons							+	
espuma foie gras	+		+				+	
espuma coco			+				+	
espuma jambon							+	

TABLE DES MATIÈRES

1

LES CLASSIQUES

2

SAUCES POUR LES PÂTES

3

LES INÉDITES

4

SAUCES SALADE

5

ESPUMA

6

LES SUCRÉES

INDEX DES RECETTES

INDEX DES IDÉES RECETTES

INDEX THÉMATIQUE

SAUCES SANS CUISSON

SAUCE SOJA

SUCRE

TOMATES FRAÎCHES

TOMATES PELÉES

TOMATES SÉCHÉES

VANILLE

VIANDE

VIN

VINAIGRE

YAOURT

REMERCIEMENTS

Merci à Sonia, Fred, Nina, Ange et Mona (ambiance familiale), à Julia (idées et conseils), à Audrey (endurance) et à Rosemarie (impulsion).

BHV DÉCO
www.bhv.fr

HABITAT
0800 01 08 00
www.habitat.net

IKEA
0825.094.825
www.ikea.fr

LE BON MARCHÉ
24, rue de Sèvres 75007 Paris
www.lebonmarché.fr

MONOPRIX
n° azur 0810 08 4000
www.monoprix.fr

MUJI
01 41 71 16 56
www.muji.fr

THE CONRAN SHOP
117, rue du bac 75007 Paris
www.conranshop.fr

Stylisme : Sonia Lucano
Mise en page : emigreen.com
Suivi d'édition : Audrey Génin
Relecture : Véronique Dussidour

ISBN : 978-2-501-06412-5
Codification : 40.5164-5/02
Dépôt légal : février 2010
Imprimé en Espagne par Graficas Estella